# Dinero Divino

## Equilibrar la creación de riqueza con los valores espirituales

# Dinero Divino

**Equilibrar la creación de riqueza con los valores espirituales**

Michael y Esther Renfer

Originalmente publicado como "Divine Dollars". Traducido con con DeepL.

ISBN: 978-3-907697-03-0

**Descargo de responsabilidad:**

El contenido de este libro tiene únicamente fines informativos y de inspiración. Aunque se ha hecho todo lo posible para garantizar la exactitud de la información contenida, el autor y el editor no asumen responsabilidad alguna por errores u omisiones, ni por los resultados obtenidos del uso de esta información.

Partes de este libro han sido editadas por un servicio externo (ChatGPT by OpenAI) para mejorar la claridad, la congruencia y la legibilidad. Los personajes de Sarah y David son totalmente ficticios, y cualquier parecido con personas reales, vivas o muertas, es pura coincidencia.

Por favor, tenga en cuenta que el autor no es un profesional financiero autorizado, y la información proporcionada no debe interpretarse como asesoramiento financiero o de inversión. Se recomienda a los lectores que consulten a un asesor financiero titulado o a otros profesionales cualificados para obtener asesoramiento adaptado a sus circunstancias específicas.

El autor y el editor declinan expresamente toda responsabilidad por los daños o pérdidas, directos o indirectos, que puedan derivarse del uso o la aplicación de los contenidos de este libro.

Dedicado a Kayla y a todas las personas que participan en su crecimiento personal, espiritual y financiero.

# Índice

# Introducción

***Dólares divinos: una nueva perspectiva de la riqueza***

Dólares Divinos: Equilibrando la Creación de Riqueza con los Valores Espirituales

La fórmula para crear riqueza es sencilla: ganar más, gastar menos e invertir la diferencia. Parece fácil, ¿verdad? Pero para muchos de nosotros, alcanzar la paz financiera y la abundancia parece un sueño lejano. La verdad es que el éxito financiero es mucho más que números. En el fondo, la riqueza no consiste sólo en tener más dinero. Se trata de alinear nuestros hábitos financieros con nuestros valores, creencias y propósitos. Y cuando se trata de encontrar ese equilibrio, la sabiduría espiritual tiene mucho que ofrecer. De hecho, muchas instituciones espirituales, especialmente la Biblia, son inherentemente abundantes. Nos enseñan a gestionar los recursos, a dar generosamente y a vivir con satisfacción.

Sarah siempre ha pensado que el dinero es un tema complicado, lleno de contradicciones. Por un lado, cree en la confianza en Dios, en la humildad y en el servicio a los demás.

Pero, por otro lado, está la realidad de las facturas, las deudas y la presión de mantener a su familia. Como muchos de nosotros, Sarah se ha encontrado dividida entre dos fuerzas: el deseo de seguridad financiera y el temor de que buscar demasiado la riqueza pueda alejarla de sus valores espirituales.

La historia de Sarah no es única. De hecho, es una lucha que experimentan muchas personas de fe. Queremos ser buenos administradores de los recursos que se nos han dado. Queremos ser capaces de mantener a nuestras familias, ahorrar para el futuro y dar generosamente a nuestra iglesia y comunidad. Pero el camino hacia la libertad financiera a menudo parece complicado. Y con demasiada frecuencia, el dinero se siente como una carga más que como una bendición.

Sarah y su marido, David, han trabajado duro toda su vida. Han pagado algunas deudas, pero siguen teniendo una hipoteca y tarjetas de crédito. Su hijo mayor está a punto de ir a la universidad, y la presión para ahorrar para la matrícula es abrumadora. A pesar de su ética de trabajo y su fe, se sienten estancados. Sueñan con la libertad financiera, pero se sienten culpables por centrarse demasiado en el dinero. Sarah se pregunta si es posible compaginar el éxito económico con los valores que tanto aprecia.

Si eres como Sarah, es probable que te hayas hecho muchas de las mismas preguntas. ¿Está mal querer estabilidad financiera? ¿Cómo puedo acumular riqueza sin caer en la trampa del materialismo? ¿Cómo puedo ser generosa cuando estoy luchando por mantener mis propias finanzas bajo control?

**¿Por qué este libro?**

Escribí *Dólares Divinos* porque he estado donde tú estás. He luchado con el dinero, sintiendo que siempre estaba un paso atrás, incluso cuando hacía todo "bien". Ahorraba, trabajaba duro e invertía, pero nunca sentía que tenía suficiente. No fue hasta que me di cuenta de que mi relación con el dinero tenía que cambiar que empecé a ver un progreso real.

Cuando éramos pequeños, no teníamos mucho. Mi familia vivía de ropa vieja y ropa usada, y todos los meses teníamos que apañárnoslas para pagar la hipoteca. Nunca pasamos hambre, gracias a nuestro gran huerto. A pesar de los problemas económicos, aprendí una lección muy importante: la abundancia no consiste sólo en tener dinero, sino en aprovechar al máximo lo que se tiene y confiar en que vendrá más.

Esa constatación fue el comienzo de mi viaje. En mi adolescencia, ahorré para estudiar en el extranjero y trabajé en otros empleos para conseguirlo. No tenía aficiones caras, pero sí grandes sueños. En mi familia se valoraba el ahorro, pero el dinero que conseguía ahorrar siempre parecía esfumarse en compras más grandes, necesarias, sí, pero no en la riqueza que había imaginado.

A los 30 años, ya había leído todos los clásicos financieros -El *hombre más rico de Babilonia, Piense y hágase rico, Padre rico, Padre* pobre- y estaba decidido a ser millonario a los 35. Pero la vida tenía otros planes. Pero la vida tenía otros planes. A los 35, me encontraba de vuelta en casa, arruinado y sintiéndome un fracasado. Tenía los conocimientos, pero, de algún modo, seguía atrapado en el mismo ciclo. Conseguía ahorrar, pero gastaba igual de rápido en reparaciones del coche, impuestos, educación o cualquier otra cosa que la vida me deparara. Estaba en una rueda de hámster.

Con el tiempo, pagué mis deudas y mi situación financiera mejoró. Pero el punto de inflexión llegó cuando asistí a una iglesia. Observé a mi alrededor a la gente espiritualmente rica que había en la sala -gente llena de fe, amor y generosidad-, pero muchos tenían problemas económicos. Y pensé, ¿por qué? ¿Por qué la riqueza espiritual implica pobreza económica? Me di cuenta de que no tiene por qué ser así. De hecho, no debería ser así. Llegué a creer que la abundancia económica es nuestro derecho divino, casi una obligación. Después de todo, ¿cómo podemos ayudar a los demás si nosotros mismos tenemos dificultades?

Como dijo una vez uno de mis profesores: "Para ayudar a los pobres, asegúrate de no ser uno de ellos".

## El dinero como herramienta divina

La verdad es que el dinero es una herramienta, una fuerza neutra que adopta los valores de la persona que lo maneja. No es ni intrínsecamente bueno ni malo. Es simplemente un medio para un fin. Como cualquier herramienta, el dinero puede utilizarse para construir, crear y elevar. También puede utilizarse mal. Pero cuando se aborda con la mentalidad correcta, el dinero puede convertirse en una de las herramientas más poderosas que tienes para vivir tu fe, servir a los demás y mantener a las personas que amas.

La Biblia ofrece una profunda sabiduría sobre la riqueza. Proverbios 13:11 nos enseña que "*El dinero deshonesto se marchita, pero el que reúne dinero poco a poco lo hace crecer*". El mensaje es claro: la riqueza, cuando se construye con integridad y propósito, es una bendición. El problema no es el dinero, sino cómo pensamos sobre él y cómo lo utilizamos. La clave está en cambiar de mentalidad y ver la riqueza como una oportunidad para crear valor, marcar la diferencia y vivir una vida de equilibrio.

El dinero en sí no es el enemigo. De hecho, utilizado sabiamente, el dinero puede ser una fuerza para el bien. Nos permite cuidar de nuestras familias, apoyar a nuestras comunidades y hacer donaciones generosas a las causas en las que creemos. Cuando nos centramos en crear valor para los demás, ya sea a través de nuestro trabajo, nuestras inversiones o nuestras donaciones benéficas, el dinero nos acompaña.

**Una historia como la suya**

Si estás leyendo esto, lo más probable es que te sientas un poco como Sarah: dividida entre las presiones financieras y los valores espirituales. Quieres ahorrar, dar, crear paz financiera, pero el camino parece desalentador. Así es como me encontraba yo no hace mucho. Escribí Dólares Divinos porque luchaba con el dinero, sintiendo que siempre iba un paso por detrás, incluso cuando lo hacía todo "bien". Ahorraba, trabajaba duro e invertía, pero nunca sentía que tenía suficiente.

Al igual que Sarah, no crecí en la riqueza. Mi familia vivía modestamente, a menudo reuniendo lo que podíamos para llegar a fin de mes. Recuerdo a mis padres vaciando maletines y bolsillos para pagar la hipoteca, una escena familiar en nuestro hogar. El dinero siempre escaseaba, pero nos las arreglábamos. E incluso cuando las cosas eran difíciles, nos concentrábamos en sacar el máximo partido de lo que teníamos. No siempre podíamos permitirnos comprar en la tienda, pero como teníamos tierras y un huerto, siempre teníamos suficiente comida en la mesa.

Cuando me hice mayor, me di cuenta de que mi mentalidad sobre el dinero había sido moldeada por esas primeras experiencias. Trabajé duro, ahorré y leí todo lo que pude sobre riqueza y finanzas personales. Pero a pesar de todos los conocimientos que tenía, seguía luchando. Aunque ganaba más, me encontraba atrapado en un ciclo: ganar, gastar y volver a empezar. No fue hasta que cambié mi perspectiva sobre el dinero -no viéndolo como una fuente de estrés, sino como una herramienta para el bien- que todo cambió.

Las lecciones que aprendí son las mismas que Sarah está empezando a comprender: el *dinero, si se utiliza con prudencia, puede servir para un fin superior*. Puede ayudarte a mantener a tu familia, a vivir en paz y a dar generosamente. Puede alinearse con tu fe, no restarle valor. Ese es el viaje al que te invito, un viaje que te ayudará a replantear tu forma de ver la riqueza, permitiéndote encontrar la paz en tu vida financiera mientras te mantienes fiel a tus valores espirituales.

### El derecho divino a ser rico

Es hora de cambiar la narrativa en torno a la riqueza y la espiritualidad. Tener éxito económico no significa ser materialista o avaricioso. De hecho, es todo lo contrario. Cuando alineas tus hábitos financieros con tus creencias espirituales, no sólo estás construyendo riqueza para ti mismo, sino que estás creando una base que te permite ayudar a los demás. Estás cumpliendo un propósito divino al utilizar tus recursos para hacer del mundo un lugar mejor.

A medida que avancemos en este libro, compartiré consejos prácticos sobre cómo gestionar tus finanzas, hacer inversiones más inteligentes y, lo que es más importante, cómo construir una vida de abundancia arraigada en el servicio y la generosidad. Aprenderás a establecer un presupuesto que funcione para ti, a gastar menos sin sentirte necesitado y a invertir de forma que generes seguridad y crecimiento a largo plazo.

Pero más allá de lo práctico, aprenderas a pensar en el dinero de una forma nueva. No lo veras como algo que hay que temer o acaparar, sino como un recurso que fluye hacia quienes lo respetan y comprenden. Aprenderas a desarrollar una relación con el dinero que sea sana, abundante y alineada con tus valores más elevados.

**Lo que descubriras**

Este libro está diseñado para ayudarte, como a Sarah, a pasar de sentirte en conflicto con el dinero a abrazarlo como una herramienta divina para el bien. Vamos a caminar a través de cómo manejar tus finanzas, alinear su trabajo con sus valores, y construir la riqueza de una manera que sirva a su propósito más elevado. Esto es lo que puedes esperar:

- **Transforme su mentalidad monetaria**: Aprenderás a ver el dinero como una herramienta para el bien, no como algo a lo que temer. Vamos a explorar cómo desarrollar la confianza en la gestión del dinero y confiar en la provisión de Dios.
- **Ganar más con propósito**: Descubre cómo tus talentos únicos pueden ayudarte a ganar más mientras sirves a los demás. Exploraremos cómo el trabajo, cuando está alineado con tus valores, puede convertirse en una fuente de realización.
- **Gastar menos, vivir bien**: Aprende el poder de la frugalidad y cómo disfrutar de la vida sin gastar de más. Hablaremos de vivir por debajo de tus posibilidades de forma que te traiga paz, no privaciones.
- **Ahorrar e invertir para el futuro**: Le guiaremos a través de estrategias prácticas para ahorrar, crear un fondo de emergencia e invertir de forma inteligente. Aprenderás a automatizar tus sistemas financieros, liberándote de preocupaciones constantes.

- **Generosidad y construcción del legado**: Por último, exploraremos cómo dar puede convertirse en la piedra angular de su vida financiera. Aprenderás a crear un legado que refleje tus valores y repercuta en la vida de los demás.

**Una vida de libertad financiera y fe**

El camino hacia la libertad financiera no es sólo cuestión de dinero, sino de vivir con paz, propósito y equilibrio. La historia de Sarah sigue su curso, como la tuya. Ella está aprendiendo que es posible ahorrar para el futuro de sus hijos, pagar sus deudas y dar generosamente a su iglesia, todo mientras se mantiene anclada en su fe.

A través de este libro, descubrirá que la libertad financiera no consiste en acumular riqueza porque sí. Se trata de crear seguridad, permitiéndole vivir una vida de servicio, generosidad y paz. No tiene que elegir entre su fe y sus objetivos financieros. Con la mentalidad y la estrategia adecuadas, puedes tener ambas cosas.

En muchas tradiciones espirituales, el concepto de abundancia está profundamente arraigado. Acompáñame en este viaje en el que exploraremos cómo equilibrar la creación de riqueza con los valores espirituales. Juntos, cambiaremos nuestra forma de pensar sobre el dinero, no como algo a lo que temer, sino como una poderosa herramienta para vivir una vida de abundancia y propósito.

# Parte I: Transformar su mentalidad monetaria

En esta sección, aprenderás a ver el dinero como una *herramienta para el bien*, en lugar de algo que temer o evitar. Exploraremos cómo el cambio de mentalidad en torno al dinero puede capacitarte para manejarlo con confianza mientras te mantienes arraigado en tus valores espirituales. Proverbios 13:11 nos enseña: "*El dinero deshonesto se desvanece, pero quien reúne dinero poco a poco lo hace crecer*", recordándonos que la riqueza acumulada con integridad y sabiduría puede florecer.

El viaje de Sarah resonará aquí, ya que al principio luchó contra el miedo a la escasez. Como muchos, veía el dinero como una fuente de estrés y no como un instrumento para lograr cambios positivos. Al replantear su perspectiva y confiar en la provisión de Dios (Filipenses 4:19), Sarah aprendió a abordar las finanzas con confianza, reconociendo que el dinero, bien administrado, puede utilizarse para servir tanto a su familia como a su comunidad. Tú también serás guiado para cambiar de una mentalidad de escasez a una de abundancia, aprendiendo a aceptar el dinero como una bendición y una oportunidad para vivir tus valores.

# Capítulo 1

## El dinero como herramienta divina, no como tentación

Reconozcámoslo: el dinero tiene problemas de reputación. Para muchos de nosotros, evoca todo tipo de emociones contradictorias. Hemos oído frases como "el dinero es la raíz de todos los males" o nos han advertido contra los peligros de la avaricia y el materialismo. Pero, al mismo tiempo, vivimos en un mundo en el que el dinero es esencial. Es lo que paga las facturas, mantiene la comida en la mesa y nos permite cuidar de nuestros seres queridos. ¿Cómo conciliamos estos sentimientos encontrados? ¿Cómo podemos, como personas de fe, abordar el dinero de forma responsable y espiritual?

Sarah creció en un hogar donde el dinero era algo con lo que había que tener cuidado. Sus padres le enseñaron a valorar la humildad y la fe, y aunque no tenían mucho, le inculcaron la importancia de ser generosos. El dinero no era algo que se deseara, era más bien una necesidad para sobrevivir, y a menudo se sentía como algo lejano, nunca suficiente para permitirse una verdadera comodidad. El estilo de vida modesto de sus padres y su fuerte fe le hicieron preguntarse si desear el éxito económico era apropiado para un cristiano.

Con cuarenta y pocos años, Sarah se encuentra en una encrucijada. Con dos hijos que crecen deprisa y facturas que se acumulan, está cada vez más preocupada por el futuro económico de su familia. Se siente en conflicto: quiere asegurar una vida mejor para sus hijos, ahorrar para su educación y planificar su jubilación, pero siente una culpa persistente. Le han enseñado a desconfiar de la riqueza y, en el fondo, le preocupa que la búsqueda del éxito económico la aleje de su fe.

Muchos de nosotros nos encontramos en esta situación cuando iniciamos nuestra andadura financiera. Hemos crecido escuchando que "el amor al dinero es la raíz de todos los males" (1 Timoteo 6:10), y no podemos evitar la sensación de que centrarnos en la riqueza puede significar perder de vista lo que realmente importa. Pero, ¿y si el problema no fuera el dinero en sí, sino cómo lo vemos y lo utilizamos?

Al igual que Sarah, yo también crecí en un hogar donde el dinero escaseaba. Recuerdo cómo mi familia tenía que vaciar bolsillos y maletines para reunir lo suficiente para pagar la hipoteca. Comprar ropa y lujos estaba fuera de lugar. En mis primeros años, el dinero me parecía una carga, algo que nunca nos sobraba. Pero cuando me hice mayor y empecé a estudiar los principios de la riqueza, me di cuenta de que *el dinero es una herramienta, no una tentación*. El problema no era el dinero en sí, sino cómo pensábamos de él y cómo lo utilizábamos.

## Una nueva perspectiva sobre el dinero: Una herramienta divina

Es hora de cambiar la narrativa en torno a la riqueza y la espiritualidad. Tener éxito económico no significa ser materialista o avaricioso. De hecho, es todo lo contrario. Cuando alineas tus hábitos con tus creencias espirituales, no sólo estás construyendo riqueza para ti mismo, sino que estás creando una base para ayudar a los demás. Estás cumpliendo un propósito divino al utilizar tus recursos para hacer del mundo un lugar mejor.

Una de las lecciones más importantes que he aprendido -y que es fundamental en este libro- es que el dinero es una herramienta. No es intrínsecamente bueno o malo; es simplemente un medio para un fin. El dinero en sí no es el enemigo. De hecho, bien empleado, puede ser una fuerza positiva. Nos permite cuidar de nuestras familias, apoyar a nuestras comunidades y dar generosamente a las causas en las que creemos. Cuando nos centramos en crear valor para los demás, ya sea a través de nuestro trabajo, nuestras inversiones o nuestras donaciones benéficas, el dinero nos acompaña.

El dinero, en el fondo, no es más que una herramienta. Es un medio de intercambio, una forma de medir y almacenar valor. No es diferente de un martillo o una aguja de coser: es el propósito que hay detrás lo que le da sentido. Cuando lo utilizamos con intención, se convierte en una fuerza positiva, pero cuando dejamos que nos controle, se convierte en una fuente de ansiedad y conflicto.

La Biblia refuerza esta idea en Eclesiastés 7:12: "La sabiduría es una protección, igual que el dinero". En otras palabras, el dinero -cuando se administra con sabiduría- puede ofrecer seguridad y estabilidad. Puede protegernos de las incertidumbres de la vida y ayudarnos a construir un futuro acorde con nuestros valores.

Aquí es donde las cosas empiezan a cambiar para gente como Sarah y para todos los que nos hemos sentido en conflicto con la riqueza. ¿Y si el dinero, lejos de ser algo que temer o evitar, es en realidad un don? ¿Y si fuera una herramienta divina que se nos ha confiado para ayudarnos a dar forma a nuestras vidas y al mundo que nos rodea?

La Biblia nos da valiosas ideas sobre cómo podemos ver el dinero. Proverbios 13:11 nos dice: *"El dinero deshonesto se agota, pero el que reúne dinero poco a poco lo hace crecer"*. Este pasaje no condena la riqueza, sino que nos anima a cultivarla con sabiduría y honradez. La riqueza, cuando se gana y se administra con integridad, es una bendición, no una maldición.

### El dinero como medio de cambio

El dinero es simplemente un *medio de intercambio*. Es una forma de intercambiar valor, de satisfacer nuestras necesidades y de retribuir a los demás. Cuando empecé a replantearme mi forma de pensar sobre el dinero, me di cuenta de que no se trataba de amarlo o temerlo, sino de *respetarlo*.

El dinero no es ni bueno ni malo; adopta los valores de la persona que lo posee. Y cuando te acercas a él con determinación, integridad y sentido de la administración, se convierte en una poderosa fuerza para el bien.

El cambio de perspectiva de Sarah comenzó cuando empezó a hacerse preguntas diferentes. En lugar de preguntarse si estaba bien querer más dinero, empezó a preguntarse cómo el dinero podía servirle a ella y a su familia de una manera que estuviera en consonancia con su fe. ¿Cómo podía utilizarse la riqueza para crear valor, proporcionar seguridad y, en última instancia, permitirle vivir con generosidad?

**El dinero como energía almacenada**

Piensa en el dinero como energía almacenada. Representa el valor que has creado: el tiempo, el esfuerzo, las habilidades y el talento que has invertido. Cuando ganas dinero, básicamente estás almacenando la energía de tu trabajo duro, que luego puedes utilizar para intercambiarla por las cosas que necesitas o quieres.

Para Sarah, darse cuenta de que el dinero no era sólo "papel", sino un símbolo del valor que ella y su marido creaban a través de su trabajo, supuso un cambio radical. David, fontanero, prestaba un servicio vital a la gente de su comunidad, y Sarah, como profesora, formaba la mente y el futuro de jóvenes estudiantes. El dinero que ganaban no era sólo un ingreso: era un reflejo de la contribución que hacían al mundo.

Tuve un avance similar cuando empecé a pensar en el dinero como energía almacenada. Crecer con recursos limitados me hizo ver el dinero como algo escurridizo. Pero cuando empecé a entender que cada dólar que ganaba era un reflejo del valor que creaba, mi mentalidad cambió. El dinero se convirtió menos en acumulación y más en *lo que podía hacer con él, para* mí, para mi familia y para los demás.

La Biblia afirma esta idea. Proverbios 21:5 nos recuerda: "*Los planes del diligente conducen a la ganancia tan ciertamente como la prisa conduce a la pobreza*". Esto habla de la importancia de la planificación reflexiva y el trabajo duro. Cuando administramos nuestro dinero sabiamente y lo vemos como una herramienta que se usa para el bien, estamos alineados con el diseño de Dios para nuestros recursos.

**Pasar del miedo a la responsabilidad**

La verdadera transformación se produce cuando dejamos de ver el dinero como algo a lo que temer o de lo que sentirnos culpables y empezamos a verlo como un recurso que se nos ha confiado administrar. Este cambio del miedo a la administración está en el corazón de lo que significa utilizar el dinero como una herramienta divina.

Para Sarah, esto significaba aprender a pensar en las finanzas de su familia de manera diferente. En lugar de sentirse culpable por querer ganar más, empezó a aceptar la idea de que la riqueza podía permitirle dar seguridad a sus hijos, retribuir a su comunidad y vivir de acuerdo con su fe. No se trataba de perseguir la riqueza por la riqueza sola, sino de ser una buena administradora de lo que tenía y hacerlo crecer de un modo que honrara a Dios.

Cuando empecé a administrar el dinero como un administrador, todo cambió para mí también. Ya no trataba de acumular riqueza sólo para sentirme seguro, sino que aprendí a hacerla crecer de forma responsable para poder vivir bien, mantener a mis seres queridos y dar generosamente. La parábola de los talentos (Mateo 25:14-30) ofrece una poderosa lección sobre esto: aquellos que multiplican lo que se les ha dado son alabados, mientras que el que esconde sus recursos por miedo es castigado. Dios espera que hagamos crecer lo que se nos ha confiado, no que dejemos que se estanque.

## Equilibrio entre riqueza y espiritualidad

Sé lo que estás pensando. ¿No es peligroso centrarse demasiado en el dinero? Después de todo, ¿no nos advierte la Biblia sobre los riesgos de la riqueza? Es cierto: Jesús mismo dijo: *"Es más fácil que un camello pase por el ojo de una aguja que un rico entre en el reino de Dios"* (Mateo 19:24).

Pero aquí está la cosa: Jesús no estaba condenando la riqueza en sí misma. Nos estaba advirtiendo sobre los peligros del apego. Cuando nos apegamos demasiado al dinero -cuando se convierte en nuestro objetivo principal- perdemos de vista lo que es verdaderamente importante. Empezamos a adorar el dinero en lugar de utilizarlo como una herramienta para servir a los demás y cumplir nuestro propósito.

La clave es el equilibrio. La riqueza, en sí misma, no es mala. De hecho, es necesaria para vivir una vida plena y abundante. Pero cuando la riqueza se convierte en el objetivo y no en el medio, corremos el riesgo de perder el rumbo. Por eso la Biblia insiste en la importancia de la generosidad y la administración. Nos enseña a usar el dinero con sabiduría, a dar libremente y a mantener siempre la vista en un objetivo superior.

Uno de mis versículos favoritos sobre este tema es 1 Timoteo 6:17-19: *"Manda a los que son ricos en este mundo presente que no sean arrogantes ni pongan su esperanza en las riquezas, que son tan inciertas, sino que pongan su esperanza en Dios... que sean ricos en buenas obras, y que sean generosos y estén dispuestos a compartir"*.

Esta es la esencia de la creación de riqueza divina. No se trata de acumular tanto como sea posible para nosotros mismos, sino de crear valor, dar generosamente y utilizar el dinero como una herramienta para cumplir nuestro propósito más elevado.

### El dinero: Símbolo de creación de valor

Hemos establecido que el dinero es una herramienta, pero también es un símbolo. Representa el valor que creamos con nuestro trabajo, nuestro talento y nuestra creatividad. Cuando ganamos dinero, básicamente se nos recompensa por las contribuciones que hemos hecho a los demás.

Piensa en ello: Cuando trabajas, estás intercambiando tu tiempo, esfuerzo y habilidades por dinero. Ese dinero, a su vez, te permite mantener a tu familia, invertir en tu futuro y retribuir a tu comunidad. Es una representación tangible del valor que has aportado al mundo.

Pero aquí es donde muchos nos atascamos: Olvidamos que el valor que creamos es más importante que el dinero en sí. Nos centramos tanto en la cantidad de dinero que perdemos de vista lo que representa. Y cuando eso ocurre, el dinero empieza a sentirse como una carga en lugar de una bendición.

El secreto para liberarse de esta mentalidad es cambiar el enfoque de la acumulación a la contribución. En lugar de preguntarte: "¿Cuánto dinero puedo ganar?", pregúntate: "¿Cuánto valor puedo crear?". Cuando te centras en servir a los demás -ya sea a través de tu trabajo, tu negocio o tus inversiones-, el dinero llega de forma natural.

Es algo que he aprendido de primera mano. Al principio de mi carrera, no paraba de perseguir dinero, siempre buscando formas de aumentar mis ingresos. Pero ganara lo que ganara, nunca me parecía suficiente. Estaba atrapado en esa rueda de hámster, siempre trabajando más duro, pero nunca sintiéndome financieramente seguro.

No fue hasta que cambié de mentalidad que las cosas empezaron a cambiar. Dejé de centrarme en cuánto podía ganar y empecé a centrarme en cuánto podía dar: cómo podía utilizar mis habilidades y talentos para mejorar la vida de los demás. Y cuando lo hice, sucedió algo asombroso: el dinero empezó a llegar a mi vida de una forma que nunca había esperado.

Cuando creas valor para los demás, el dinero llega. Y cuando usas ese dinero sabiamente, se convierte en una herramienta para construir una vida que refleje tus valores más elevados.

**Lección clave: El dinero refleja tus valores**

La lección clave para Sarah, y para todos nosotros, es que el dinero refleja nuestros valores. Cómo lo ganamos, cómo lo gastamos y cómo lo regalamos son reflejos de lo que creemos y defendemos. Para Sarah, darse cuenta de esto le quitó el peso de la culpa que había arrastrado durante tanto tiempo. El dinero no era el problema, sino el miedo a lo que representaba. Una vez que lo vio como una herramienta para alinearse con sus valores más profundos, pudo abordar sus finanzas con una sensación de paz.

Para ti, como para Sarah, el reto no es evitar el dinero, sino aprender a utilizarlo sabiamente. La riqueza, cuando se aborda con la mentalidad adecuada, puede ser una poderosa fuerza para el bien. Puede mantener a tu familia, darte la libertad de servir a los demás y permitirte vivir una vida con un propósito.

A medida que avancemos, exploraremos cómo puedes transformar tu relación con el dinero. Aprenderás a manejarlo con confianza, a confiar en la provisión de Dios y a usarlo como una herramienta para crear una vida que refleje tus valores espirituales. El viaje de Sarah acaba de empezar, y el tuyo también.

# Capítulo 2

# Dominar el dinero con confianza

La confianza en el dinero no es algo natural para la mayoría de nosotros. Si somos sinceros, a menudo lo sentimos como una fuente de ansiedad, culpa o frustración. Es esa tensión constante entre lo que tenemos, lo que queremos y lo que necesitamos. La mayoría de nosotros aprendemos sobre el dinero a través de la experiencia -generalmente de la manera difícil-, tropezando con deudas, gastos excesivos u oportunidades perdidas, y preguntándonos todo el tiempo si alguna vez lo haremos realmente "bien". Pero la buena noticia es que, como cualquier otra habilidad, el dominio del dinero se puede aprender. Y empieza con algo sorprendentemente sencillo: tu mentalidad.

Seamos realistas por un momento: todos hemos pasado por eso. Yo lo he hecho. Durante años, creí que controlaba bien mis finanzas. Trabajaba duro, ahorraba con diligencia y siempre intentaba tomar decisiones inteligentes. Pero por mucho que ahorrara, nunca parecía ser suficiente. Tenía la sensación de que cada vez que conseguía acumular un pequeño colchón, la vida me lanzaba una bola curva -una reparación inesperada del coche, una mudanza o una factura médica- y, de repente, volvía al punto de partida. Estaba atrapada en un ciclo de ganar, ahorrar y gastar, pero nunca conseguía salir adelante. Era agotador.

En un momento dado, me encontré de vuelta en casa, viviendo con mis padres a media de mis treinta años. Había leído todos los libros y seguido todos los consejos, pero no podía quitarme la sensación de que estaba haciendo algo mal. ¿Cómo podía saber tanto de dinero y sentirme tan arruinado? No fue hasta que di un paso atrás y empecé a examinar mi relación con el dinero -la forma en que pensaba sobre él, la forma en que hablaba de él y las creencias que tenía al respecto- que las cosas empezaron a cambiar.

Cuando Sarah empezó a pensar seriamente en el futuro financiero de su familia, una cosa quedó clara: no se sentía segura con el dinero. Durante años, había luchado con las mismas preocupaciones que muchos de nosotros: cómo cuadrar las cuentas, ahorrar para el futuro y, aun así, vivir con generosidad. Como muchas personas de fe, Sarah fue educada en la importancia de la humildad y la confianza en la provisión de Dios. ¿Pero el dinero? El dinero le parecía algo fuera de su control, algo con lo que había que tener cuidado, pero que nunca llegó a entender del todo.

La historia de Sarah refleja una realidad común: muchos de nosotros crecemos con poca educación financiera. Escuchamos algunos consejos de la familia, los amigos o la iglesia, pero rara vez aprendemos a dominar el dinero con confianza. Incluso cuando trabajamos duro y nos esforzamos al máximo, a menudo nos queda la sensación de que el dinero es algo que nunca acabamos de dominar.

Conozco bien esta sensación. Cuando era niño, el dinero siempre escaseaba. Mi familia vivía modestamente y gastábamos hasta el último céntimo. Nunca había suficiente para sentirse seguro, y las decisiones financieras parecían tomadas por necesidad más que por estrategia. Por eso, nunca me sentí seguro con el dinero, ni siquiera cuando empecé a ganar más. Ahorraba cuando podía, pero siempre acababa gastando en gastos inesperados, como reparaciones, impuestos o deudas. Tenía la sensación de que, por mucho que trabajara, la seguridad financiera estaba fuera de mi alcance.

**Confianza a través del conocimiento: Cambiar la narrativa**

El primer paso para dominar el dinero es analizar honestamente lo que crees sobre él. Y créeme, todos tenemos creencias profundamente arraigadas sobre el dinero que afectan a nuestra forma de manejarlo, seamos o no conscientes de ellas. Tómate un momento y pregúntate: ¿Qué crees sobre el dinero? ¿Crees que siempre hay suficiente o vives con miedo a que se acabe? ¿Ves el dinero como una bendición, o te sientes secretamente culpable por tener más que los demás? ¿Sientes que mereces ser rico, o hay una parte de ti que cree que la riqueza es para "otras personas"?

Estas creencias proceden de diversas fuentes: nuestra educación, nuestra cultura, nuestra fe. Para muchos de nosotros, el dinero era un tema tabú cuando éramos pequeños o un tema del que se hablaba con mucho miedo y tensión. Quizá hayas oído cosas como: "El dinero no crece en los árboles", "Los ricos son avariciosos" o incluso "No somos de los que se hacen ricos". Te des cuenta o no, esos mensajes han moldeado tu relación actual con el dinero.

Uno de los cambios más importantes que tanto Sarah como yo experimentamos en nuestros viajes financieros fue darnos cuenta de que la confianza en el dinero no viene de la suerte o de ganar más, sino del conocimiento y la intencionalidad. Al igual que yo, Sarah empezó a cambiar su visión del dinero cuando empezó a aprender más sobre su funcionamiento.

Para Sarah, esto significaba enfrentarse directamente a su situación financiera. En lugar de evitar el dinero porque le producía ansiedad, se comprometió a entenderlo mejor. Empezó a controlar sus gastos, a calcular su patrimonio neto y a aprender a hacer presupuestos. Poco a poco, la niebla de la incertidumbre se disipó. Sarah empezó a ver que el dinero no era algo que temer, sino algo que dominar.

Yo pasé por un proceso similar. Tras años de lucha con el dinero, recurrí a libros, seminarios y mentores para aprender a controlar mis finanzas. Uno de los cambios más profundos se produjo cuando me di cuenta de que el dinero no es más que una herramienta. Cuando lo respetamos, lo entendemos y lo gestionamos sabiamente, nos sirve. Y cuando lo ignoramos, lo evitamos o lo utilizamos mal, se convierte en una fuente de estrés.

La Biblia nos enseña que la sabiduría es esencial para una vida de éxito. Proverbios 13:16 nos recuerda: "*El sabio piensa en el futuro; el necio no, ¡y hasta presume de ello!*". Este principio se aplica directamente al dinero. Cuando nos tomamos el tiempo para planificar, aprender y abordar nuestras finanzas con sabiduría, estamos sentando las bases de la confianza y el éxito.

**Del miedo a la fe: El poder de una nueva mentalidad monetaria**

Uno de los cambios más poderosos que puede hacer en su viaje financiero es pasar de una mentalidad de miedo a una mentalidad de fe. No me refiero a la fe ciega en que todo saldrá mágicamente sin esfuerzo. Me refiero al tipo de fe que se basa en la creencia de que usted es capaz de manejar cualquier cosa que se le presente, y que Dios lo ha equipado con todo lo que necesita para tener éxito, no sólo espiritualmente, sino también financieramente.

La Biblia habla claramente de esto. En Filipenses 4:19, se nos dice: "Y mi Dios suplirá todas vuestras necesidades conforme a las riquezas de su gloria en Cristo Jesús". Esto no significa que todos nos convertiremos en multimillonarios de la noche a la mañana. Significa que cuando nos alineamos con el propósito de Dios y vivimos de acuerdo a Sus principios, tendremos suficiente. Suficiente para cubrir nuestras necesidades, suficiente para mantener a las personas que amamos y suficiente para dar generosamente a los demás.

Pero aquí está la clave: Dios no nos pide que nos sentemos a esperar que las bendiciones financieras nos lluevan del cielo. Él nos llama a participar activamente en nuestras vidas financieras. Proverbios 21:5 nos recuerda: "*Los planes del diligente conducen a la ganancia, tan ciertamente como la prisa conduce a la pobreza*". En otras palabras, tenemos la responsabilidad de administrar nuestro dinero con prudencia. Eso empieza por creer que somos capaces de hacerlo y, a continuación, tomar medidas intencionadas para conseguirlo.

**Tomar el control: Crear confianza financiera**

Para Sarah, ganar confianza financiera no consistía en ganar más, sino en ser consciente de lo que tenía. Se dio cuenta de que la gestión del dinero tiene más que ver con la mentalidad y la planificación que con los ingresos. Al fijarse objetivos financieros claros, Sarah empezó a tomar las riendas del futuro de su familia como nunca antes lo había hecho.

Los pasos clave que ayudaron a Sarah a ganar confianza -y que te ayudarán a ti también- se basan en acciones prácticas:

**1. Controle sus finanzas**

El primer paso de Sarah hacia la confianza en sí misma fue saber adónde iba su dinero. Durante años, había evitado mirar de cerca sus finanzas porque le resultaba abrumador. Pero cuando empezó a hacer un seguimiento de sus ingresos y gastos, vio las cosas más claras. Se dio cuenta de que no estaba tan perdida como creía: había pautas en sus gastos y, con un poco de disciplina, podía hacer cambios que le darían seguridad a largo plazo.

Para mí, el seguimiento de mis finanzas también supuso un cambio radical. Había pasado años sintiéndome fuera de control porque no era plenamente consciente de cómo entraba y salía mi dinero. Cuando empecé a prestar atención a los detalles, empecé a ver oportunidades para ahorrar, invertir y recortar gastos innecesarios.

El seguimiento de las finanzas no tiene por qué ser complicado, pero hay que tener cierta disciplina para anotar las cosas. Una simple hoja de cálculo es suficiente, no hace falta ninguna aplicación sofisticada. Empieza poco a poco, con datos de una semana y luego de un mes. La mejor información es la de un año completo. Entonces verás los patrones y podrás hacerte cargo de tu situación y guiarte hacia la administración. Puedes ver un ejemplo aquí:

http://www.dinerodivino.vip/

La confianza viene de la acción. Cuanto más haces algo, mejor se te da. Dominar el dinero no es diferente. Una vez que hayas creado un plan, la clave es empezar a ponerlo en práctica, paso a paso. Esto puede significar establecer transferencias automáticas a tu cuenta de ahorros, pagar las deudas con una estrategia bien definida o empezar a invertir en pequeñas cantidades. Se trata de crear hábitos financieros que respalden tus objetivos a largo plazo.

Al principio, esto puede resultar intimidante. Pero recuerda que nadie se convierte en experto de la noche a la mañana. No tiene por qué tenerlo todo resuelto de golpe. Al igual que el ejercicio físico desarrolla los músculos con el tiempo, los hábitos financieros desarrollan la confianza. Cada decisión inteligente que tomas, cada factura que pagas, cada dólar que ahorras... todo contribuye a tu crecimiento financiero.

### 2. Establecer objetivos claros

Sarah y su marido, David, se dieron cuenta de que, sin objetivos financieros concretos, simplemente reaccionaban ante cualquier problema económico que se les presentara. Al fijarse objetivos claros, ya fuera ahorrar para la educación universitaria de sus hijos, pagar la hipoteca o crear un fondo de emergencia, empezaron a sentir que tenían más control. Cada objetivo les daba un sentido de propósito, y en lugar de sentirse ansiosos por el dinero, empezaron a sentirse capacitados.

Tuve una experiencia similar cuando fijé mis propios objetivos financieros. Aprendí que tener un objetivo marcaba la diferencia. En lugar de ir a la deriva de un sueldo a otro, tenía un plan. Tanto si se trataba de pagar una deuda como de ahorrar para algo importante, fijar objetivos me hacía sentir más centrado y seguro.

Una vez que lo tengas claro, es hora de empezar a planificar. Proverbios 24:3-4 dice: "*Por la sabiduría se construye una casa, y por la inteligencia se establece; por el conocimiento sus habitaciones se llenan de tesoros raros y hermosos.*" La planificación es esencial para construir unos cimientos financieros sólidos. Pero no basta con crear un presupuesto y esperar lo mejor. Hay que planificar con un propósito.

¿Qué significa eso? Significa alinear tus objetivos financieros con tus valores y tu visión de la vida. Significa preguntarse: "¿Qué es lo que realmente quiero? ¿Qué es lo más importante para mí? ¿Cómo puedo utilizar mi dinero para apoyar esos objetivos?". Aquí es donde empieza a crecer la confianza, cuando te das cuenta de que tus decisiones financieras no son sólo cuestión de dólares y céntimos. Se trata de crear la vida que quieres vivir.

### 3. Crear un fondo de emergencia

Una de las cosas que más le ayudó a Sarah fue crear un fondo de emergencia. Durante años, ella y David habían luchado contra el estrés de los gastos inesperados: las reparaciones del coche, las facturas médicas y otras sorpresas siempre parecían desbaratar sus finanzas. Pero al reservar dinero específicamente para emergencias, ganaron en tranquilidad. En lugar de preocuparse por cómo afrontar la próxima crisis, sabían que tenían una red de seguridad.

Para mí, crear un fondo de emergencia también fue un punto de inflexión. La seguridad de saber que tenía un colchón financiero cambió mi forma de ver el dinero. Ya no tenía la sensación de estar a un gasto inesperado del desastre financiero. Había creado un colchón que me daba confianza.

**El dinero refleja responsabilidad, no codicia**

Tanto Sarah como yo nos dimos cuenta de que manejar el dinero con confianza no te convierte en avaricioso, sino en responsable. Muchas personas de fe tienen la idea errónea de que centrarse en el dinero está reñido con los valores espirituales. Pero la Biblia nos enseña que la buena administración es un signo de sabiduría, no de avaricia. Proverbios 21:5 dice: *"Los planes del diligente conducen a la ganancia tan ciertamente como la prisa conduce a la pobreza"*. Este versículo refuerza la idea de que la planificación y la gestión cuidadosas de nuestros recursos no sólo son sabias, sino necesarias para nuestro bienestar.

Para Sarah, este cambio de mentalidad fue transformador. Llevaba años sintiéndose culpable por querer ganar más o preocuparse por sus finanzas. Pero cuando empezó a ver el dinero como un recurso que podía gestionar de forma responsable, su confianza aumentó. Se dio cuenta de que, al tomar el control de sus finanzas, no estaba siendo egoísta, sino una buena administradora de lo que Dios le había confiado.

Tuve que superar el mismo conflicto interno. Al crecer, había interiorizado la creencia de que el dinero era de algún modo "malo" o que desear seguridad financiera significaba que me estaba centrando demasiado en cosas mundanas. Pero cuando empecé a entender que la riqueza, cuando se maneja con cuidado, es una herramienta para hacer el bien, me liberé de la culpa. Aprendí que lo peligroso no es el afán de dinero, sino el amor al dinero (1 Timoteo 6:10). Cuando vemos el dinero como un recurso, podemos usarlo para servir a los demás, vivir generosamente y construir una vida equilibrada.

Una de las partes más difíciles de dominar el dinero es la paciencia. Vivimos en una cultura que lo quiere todo al instante: gratificación instantánea, riqueza instantánea, éxito instantáneo. Pero el verdadero dominio financiero lleva tiempo. Es un proceso y requiere confianza.

Proverbios 13:11 dice: *"La riqueza adquirida apresuradamente se marchitará, pero quien la acumule poco a poco la aumentará"*. Esa es la esencia del crecimiento financiero: poco a poco, paso a paso. Cuando confiamos en el proceso y nos centramos en nuestros objetivos a largo plazo, construimos un futuro financiero sostenible y seguro.

**Un nuevo camino**

Dominar el dinero no significa que tengas que ser perfecto. No significa que nunca volverás a cometer un error o a enfrentarte a un reto financiero. Lo que sí significa es que abordas tus finanzas con confianza, fe y determinación. Dejas de permitir que el dinero te controle y, en su lugar, tomas el control de tu dinero.

Cuando combinas medidas prácticas con una mentalidad arraigada en la fe, desbloqueas el verdadero potencial de tu vida financiera. Dejas de ver el dinero como algo a lo que temer y empiezas a verlo como una herramienta para construir la vida que estás destinado a vivir. Este es el comienzo de la verdadera libertad financiera: la libertad de tomar decisiones, de dar generosamente y de vivir en abundancia.

Y recuerda, la confianza con el dinero no se trata de tenerlo todo resuelto. Se trata de confiar en ti mismo, confiar en el proceso y confiar en que la abundancia de Dios siempre está disponible para ti cuando más la necesitas.

**Lección clave: la confianza nace de la claridad**

El camino de Sarah hacia la confianza financiera, como el mío, consistió en ganar claridad. Una vez que entendió cómo funcionaba el dinero y cómo administrarlo con un propósito, dejó de sentirse ansiosa o confundida. La confianza viene de la claridad: cuando conoces tu situación financiera, cuando estableces objetivos y cuando tomas el control de tu dinero, empiezas a sentirte con poder.

Lo mismo puede decirse de usted. Tanto si acaba de empezar como si lleva años gestionando sus finanzas, el camino hacia la confianza empieza por la comprensión y la intencionalidad. No necesitas ser un experto, sólo necesitas estar dispuesto a aprender, a hacer un seguimiento de tus progresos y a enfocar el dinero con la mentalidad de un administrador.

A medida que avance en este libro, aprenderá más estrategias para dominar sus finanzas, incluyendo cómo ganar más a través de la creación de valor, cómo gastar menos sin sacrificar su calidad de vida, y cómo ahorrar e invertir sabiamente. Recuerde que el dinero es una herramienta que puede aprender a utilizar con confianza y eficacia.

# Capítulo 3

# Confianza en la provisión y la abundancia de Dios

Vivimos en un mundo que a menudo nos dice que hagamos más, ganemos más y acumulemos más. El mensaje es claro: si no tienes suficiente, es porque no te estás esforzando lo suficiente. Y por eso nos esforzamos. Trabajamos hasta el agotamiento, persiguiendo una esquiva sensación de seguridad que nunca llega a materializarse. Pero esto es lo que nadie te dice: la verdadera paz financiera y la abundancia no se encuentran trabajando hasta el agotamiento. Se encuentran en la confianza - en confiar en la provisión de Dios, en confiar en que la abundancia está disponible para ti, y en confiar en que tú ya eres suficiente.

Si esto suena contradictorio, es porque lo es. En una sociedad obsesionada con la escasez, en la que la gente lucha constantemente por un trozo más grande del pastel, la idea de descansar en la abundancia parece casi radical. Pero a lo largo de la Biblia se nos recuerda una y otra vez que Dios provee a sus hijos. De hecho, se complace en hacerlo.

El reto para muchos de nosotros no es si Dios proveerá; es si lo creemos.

Para muchos de nosotros, como Sarah, una de las creencias más arraigadas es la de la escasez: la idea de que simplemente no hay suficiente. Esta mentalidad puede ser asfixiante, sobre todo cuando hay que hacer malabarismos con las facturas, las deudas y la presión de ahorrar para el futuro. Es fácil sentirse atrapado en un ciclo financiero sin salida. A Sarah le parecía que, por mucho que trabajaran ella y su marido, David, siempre había un nuevo obstáculo financiero a la vuelta de la esquina. Y cada vez que intentaban salir adelante, algo -una reparación urgente del coche, una factura médica inesperada- los volvía a derribar.

Mientras Sarah luchaba con esta sensación de escasez, empezó a cuestionarse algo aún más profundo: *¿Cómo encaja todo esto con mi fe?* Si Dios promete proveer, ¿por qué siempre siento que estamos al borde de la ruina financiera? Este conflicto interno es algo con lo que luchan muchas personas de fe. ¿Cómo conciliar la creencia en la abundancia de Dios con la realidad del estrés financiero?

He sentido esta misma tensión en mi propia vida. Al crecer, mi familia tenía que estirar cada centavo, y la sensación de no tener nunca suficiente me acompañó hasta la edad adulta. Incluso cuando empecé a ganar más, no podía deshacerme de la ansiedad subyacente sobre el dinero. Había interiorizado una mentalidad de escasez: creía que por mucho que trabajara o ahorrara, nunca sería suficiente. Pero con el tiempo, empecé a comprender que esta mentalidad no sólo me estaba frenando económicamente, sino que también estaba desalineada con mi fe.

La verdad es que confiar en la provisión de Dios no significa sentarse y esperar que las cosas se resuelvan por sí solas. Se trata de reconocer que *siempre hay* suficiente -suficientes recursos, suficientes oportunidades, suficientes bendiciones- cuando afrontamos la vida con una mentalidad de abundancia.

**Pasar de la escasez a la abundancia**

La mayoría de nosotros estamos atrapados en una mentalidad de escasez sin darnos cuenta. Nos han enseñado que sólo hay una cantidad para repartir, y que si no trabajamos constantemente para asegurarnos nuestro trozo del pastel, alguien más se lo llevará. Pero la economía de Dios no funciona así. En la economía de Dios, hay más que suficiente para todos.

Jesús lo ilustra maravillosamente en la historia de la alimentación de los cinco mil (Mateo 14:13-21). Se trataba de una situación en la que la escasez parecía dominar el día: cinco panes y dos peces, y miles de personas hambrientas. Los discípulos sólo veían lo que faltaba. Pero Jesús vio abundancia. Tomó lo poco que le ofrecieron, lo bendijo y se convirtió en más que suficiente. Al final, no sólo se dio de comer a todos, sino que sobraron doce cestas.

Esta historia no trata sólo de una comida milagrosa. Es una lección de fe y abundancia. Jesús nos muestra que cuando confiamos en la provisión de Dios, incluso la cantidad más pequeña puede multiplicarse hasta convertirse en más de lo que jamás imaginamos. La escasez es una ilusión, producto del miedo. La abundancia, en cambio, es un reflejo de la confianza.

Entonces, ¿por qué muchos de nosotros vivimos con miedo? ¿Por qué nos aferramos a nuestros recursos, temiendo que si damos demasiado o gastamos demasiado libremente, no habrá suficiente para nosotros? Porque nos hemos tragado la mentira de la escasez. Nos han condicionado a creer que la riqueza es finita, que sólo hay una cantidad para repartir y que tenemos que luchar por nuestra parte.

Pero esta es la verdad: las bendiciones de Dios son ilimitadas. Su provisión es abundante. Y cuando confiamos en Su bondad, podemos vivir con la paz que viene de saber que siempre tendremos suficiente.

El cambio de una mentalidad de escasez a una de abundancia fue un momento crucial tanto para Sarah como para mí. Seré sincero contigo: no fue una lección fácil de aprender para mí. No es fácil cambiar años de creencias arraigadas sobre el dinero, pero es necesario si queremos vivir con paz y confianza financiera. De niño era difícil comer patatas y ensalada todos los días. Pero ahora veo la abundancia que teníamos gracias a nuestro huerto. Nunca pasamos hambre.

Para Sarah, la mentalidad de escasez se manifestaba en el miedo constante a no poder asegurar el futuro de sus hijos. Por muchos progresos que hicieran, siempre tenían la preocupación de que se los quitaran. Era generosa por naturaleza, pero se contenía a la hora de dar libremente a su iglesia o a las causas que le importaban, pensando siempre: "*¿Y si necesitamos este dinero más adelante?* Esta indecisión le creaba un profundo sentimiento de culpa, dejándola atrapada entre su deseo de ser generosa y su miedo a no tener suficiente.

La Biblia nos enseña el poder de confiar en la provisión de Dios. Filipenses 4:19 nos tranquiliza: *"Y mi Dios suplirá todas vuestras necesidades conforme a las riquezas de su gloria en Cristo Jesús".* Este versículo no promete que tendremos más de lo que necesitamos, pero sí nos recuerda que Dios proveerá lo que necesitemos cuando lo necesitemos.

Cuando Sarah empezó a reflexionar sobre esto, se dio cuenta de algo crucial: su preocupación por el dinero no era sólo por el dinero en sí. Tenía que ver con el control. Sentía que si no se aferraba a cada centavo, algo malo sucedería. Pero lo que estaba haciendo en realidad era cerrarse a la posibilidad de la abundancia. Al aferrarse demasiado a lo que tenía, sin darse cuenta se estaba diciendo a sí misma que no había suficiente y que no podía confiar en la provisión de Dios.

Pero aquí está la cosa: el miedo y la confianza no pueden coexistir. No puedes vivir simultáneamente con el temor de que nunca tendrás suficiente y confiar en que Dios proveerá para todas tus necesidades. Tienes que elegir una. Y cuando finalmente tomé la decisión de confiar - cuando cambié mi mentalidad de la escasez a la abundancia - todo cambió.

La Biblia nos lo recuerda en Filipenses 4:19: "*Y mi Dios suplirá todo lo que os falta conforme a sus riquezas en gloria en Cristo Jesús.*" No es sólo una frase reconfortante: es una promesa. Dios sabe lo que necesitamos incluso antes de que se lo pidamos. Él es más que capaz de suplir todas nuestras necesidades, pero tenemos que creerlo. Tenemos que dejar de vivir con miedo y empezar a vivir con fe.

Yo me di cuenta de algo parecido. Aunque me esforzaba por gestionar mis finanzas, seguía abordando el dinero desde el miedo. Al igual que Sarah, siempre me preocupaba perder lo que había ganado. Pero con el tiempo, empecé a entender que la abundancia no consiste en tener una riqueza ilimitada, sino en confiar en que siempre hay suficiente. Cuando te acercas al dinero con una mentalidad de abundancia, empiezas a ver oportunidades en lugar de obstáculos. Reconoces que la riqueza no es algo para acumular, sino para *crear* y *compartir*.

## La provisión de Dios y nuestro papel como creadores

Uno de los cambios que más nos fortaleció a Sarah y a mí fue darnos cuenta de que, aunque Dios provee, nosotros también tenemos un papel que desempeñar como *creadores*. No somos meros consumidores de recursos, somos creadores de valor. Este es un principio clave tanto en la fe como en las finanzas.

Confiar en la provisión de Dios no significa que nos sentemos y no hagamos nada. No significa que ignoremos nuestra responsabilidad financiera o que dejemos de planificar el futuro. De hecho, la Biblia nos anima a ser administradores sabios de lo que se nos ha dado. Proverbios 21:20 nos dice:

*"Los sabios acumulan alimentos selectos y aceite de oliva, pero los necios engullen lo suyo".* La planificación y el ahorro son partes importantes de la sabiduría financiera, pero no deben sustituir a la confianza.

Una de las lecciones más duras que he tenido que aprender es que el tiempo de Dios es a menudo muy diferente del mío. Hubo muchas ocasiones en mi vida en las que necesitaba dinero para un fin concreto, y no llegó cuando yo esperaba. Recuerdo que me sentía frustrado y ansioso, preguntándome por qué Dios no había respondido a mis oraciones como yo quería. Pero ahora que miro hacia atrás, veo que la provisión de Dios siempre fue perfectamente oportuna. Puede que no llegara exactamente cuando yo quería, pero siempre llegaba cuando más la necesitaba.

A veces, confiar en Dios significa dejar de lado nuestros tiempos y confiar en los Suyos. Significa creer que incluso cuando las cosas no suceden tan rápido como quisiéramos, Él sigue teniendo el control. Significa tener fe en que, cuando llegue el momento, Dios nos dará exactamente lo que necesitamos, exactamente cuando lo necesitamos.

Una vez asistí a una conferencia en la que un ponente contó una historia de Buckminster Fuller que realmente se me quedó grabada. Decía: "Puedes estar seguro de que si dedicas tu tiempo y tu atención al mayor beneficio de los demás, el Universo te apoyará, siempre y sólo en el momento oportuno". Esa frase – *en el momento oportuno* - resonó profundamente en mí. A menudo, la provisión de Dios no llega pronto, pero tampoco llega tarde. Llega exactamente cuando la necesitamos, ni un momento antes ni después.

Sarah empezó a ver su trabajo y el de David como algo más que una forma de ganarse el sueldo. Como profesora, Sarah estaba forjando el futuro de sus alumnos, ayudándoles a crecer y a aprender. David, como fontanero, prestaba un servicio esencial a su comunidad. Cuando Sarah empezó a ver su trabajo a través del prisma de la creación de valor, se dio cuenta de que no sólo ganaban dinero, sino que contribuían a algo. Y cuando creas valor, la riqueza vuelve a ti de forma natural.

En mi propia vida, llegué a la misma conclusión. Durante años, vi el dinero como algo que tenía que ganar para sobrevivir. Pero cuando empecé a ver mi trabajo como una forma de *servir a los demás* y crear valor, mi mentalidad cambió. De repente, el dinero no era algo que persiguiera, sino un subproducto natural del valor que creaba en el mundo.

Esta idea se refuerza en Colosenses 3:23, que dice: "Todo lo que hagáis, trabajadlo de todo corazón, como quien trabaja para el Señor, no para señores humanos." Cuando enfocamos nuestro trabajo con esta mentalidad, dejamos de preocuparnos por la escasez y empezamos a centrarnos en la abundancia que surge de la creación de valor.

### El cambio de Sarah: Confiando en el Flujo de la Abundancia

Una vez que Sarah empezó a confiar en esta idea de abundancia, su relación con el dinero empezó a cambiar. Se dio cuenta de que, al aferrarse demasiado a lo que tenían, se estaba cerrando a recibir más. Cuando abandonó su mentalidad de escasez y empezó a confiar en el flujo de la abundancia, ella y David se encontraron en una situación económica mucho mejor.

Empezaron a ahorrar dinero para la educación de sus hijos con más confianza, sabiendo que habría suficiente cuando llegara el momento. Sarah también se preocupó más por dar a su iglesia. En lugar de temer que su generosidad les dejara cortos, confió en que dar abriría la puerta para que fluyeran más bendiciones a sus vidas.

En mi propio viaje, confiar en la abundancia me permitió asumir riesgos calculados, invertir más intencionadamente y ser más generoso. Dejé de aferrarme al dinero por miedo y, en su lugar, lo abordé como un recurso que podía utilizarse para crear valor para mí, para mi familia y para los demás. Y a medida que lo hacía, descubrí que el dinero fluía más libremente. Cuanto más daba, más recibía, no sólo en riqueza material, sino en paz mental y propósito.

**Pasar del miedo a la fe**

Entonces, ¿cómo podemos pasar de una mentalidad de escasez y miedo a una de fe y abundancia? Empieza por cambiar la forma en que hablamos y pensamos sobre el dinero.

Durante años, he sentido mucha ansiedad por el dinero. Me preocupaba constantemente lo que pasaría si no tuviera suficiente. Me centraba en lo poco que tenía en lugar de apreciar las bendiciones que ya tenía delante. Decía cosas como: "No puedo permitirme eso" o "Nunca tendré suficiente para hacer esto o aquello". ¿Y adivina qué? Cuanto más decía esas cosas, más ciertas se volvían. Mis palabras reforzaban la creencia en la escasez.

Pero cuando empecé a cambiar mi lenguaje -cuando empecé a hablar del dinero en términos de abundancia- todo cambió. En lugar de decir: "No puedo permitirme eso", decía: "Ahora mismo elijo gastar mi dinero en otras cosas". En lugar de pensar: "Nunca tendré suficiente", me recordaba: "Siempre hay suficiente".

No se trataba sólo de pensar en positivo, sino de alinear mis creencias con las promesas de Dios. La Biblia nos dice que Dios es capaz de hacer "muchísimo más de lo que pedimos o imaginamos" (Efesios 3:20). Pero tenemos que creerlo. Tenemos que confiar en que la provisión de Dios no está limitada por nuestras circunstancias o nuestras expectativas.

**Una vida de abundancia**

Cuando aprendemos a confiar en la provisión de Dios, entramos en una vida de abundancia. Dejamos de vivir con miedo a lo que no tenemos y empezamos a vivir con gratitud por lo que sí tenemos. Reconocemos que las bendiciones de Dios no son limitadas, y nos abrimos a recibir más de lo que jamás creímos posible.

Esto no significa que nunca nos enfrentaremos a desafíos financieros. La vida siempre tendrá sus altibajos, pero cuando confiamos en la provisión de Dios, podemos enfrentar esos desafíos con confianza, sabiendo que Él nunca nos dejará desprovistos.

A medida que avancemos en este libro, exploraremos estrategias prácticas para gestionar el dinero, crear riqueza y alcanzar la libertad financiera. Pero recuerde, en el centro de todo está la confianza. Confianza en la provisión de Dios. Confianza en Su tiempo. Y confianza en sus abundantes bendiciones.

Cuando adopte esta confianza, descubrirá que la paz financiera no es sólo una posibilidad, sino una promesa.

**Lección clave: La abundancia es una mentalidad, no un saldo bancario**

La lección clave para Sarah -y para todos nosotros- es que la abundancia no consiste en saber cuánto tienes en el banco. Se trata de confiar en el flujo de recursos, oportunidades y bendiciones. Se trata de reconocer que eres tanto un receptor de la provisión de Dios como un creador de valor en el mundo.

Cuando pasamos de una mentalidad de escasez a otra de abundancia, dejamos de preocuparnos por perder lo que tenemos y empezamos a centrarnos en cómo podemos crear más: más riqueza, más oportunidades, más bendiciones para nosotros y para los demás.

La historia de Sarah, como la mía, es un recordatorio de que la paz financiera no viene de acumular riqueza, sino de confiar en la provisión de Dios y usar los recursos que tenemos para crear valor. A medida que avancemos en este libro, exploraremos más estrategias prácticas para ganar, ahorrar e invertir, pero recuerde que todo comienza con la mentalidad correcta. El dinero es una herramienta, y cuando nos acercamos a él con seguridad y confianza, se convierte en un recurso para vivir una vida de abundancia.

## Parte II: Ganar más, servir más

Esta sección se centra en descubrir cómo tus *talentos únicos* pueden ayudarte a ganar más mientras sirves a los demás. Aprenderás que el trabajo, cuando está alineado con tus valores y propósito, puede convertirse en una poderosa fuente de realización y recompensa financiera. Como nos recuerda Colosenses 3:23: *"Todo lo que hagáis, trabajadlo de todo corazón, como quien trabaja para el Señor, no para señores humanos."* Este principio bíblico pone de relieve que ganar dinero no es intrínsecamente egoísta: cuando se hace con integridad y al servicio de los demás, se convierte en una expresión de tus dones y talentos.

La experiencia de Sarah es un testimonio de este principio. Ella y David consideraban que sus trabajos eran una rutina necesaria para pagar las facturas, pero con el tiempo descubrieron que alineando su trabajo con sus pasiones y valores podían ganar más y encontrar una mayor satisfacción en sus carreras. Te animaremos a que aceptes tus talentos y veas cómo pueden ayudarte a contribuir a la vida de los demás, al tiempo que construyes tu propia seguridad financiera.

# Capítulo 4

## Ganar como expresión de creatividad y servicio

Cuando la mayoría de la gente piensa en ganar dinero, suele imaginarse la rutina: las largas horas, el ajetreo constante, la sensación de que el trabajo es un medio para conseguir un fin. Ganamos para poder sobrevivir, pagar las facturas y, si tenemos suerte, nos queda algo para disfrutar. Pero, ¿y si le diéramos la vuelta al guión? ¿Y si no viéramos el trabajo como una tarea, sino como una oportunidad? ¿Y si empezáramos a ver el trabajo que hacemos, el dinero que ganamos, como una expresión de creatividad, servicio y, en última instancia, una forma de honrar a Dios?

Hay un poderoso versículo en Colosenses 3:23 que enmarca cómo debemos enfocar nuestro trabajo: "Todo lo que hagáis, trabajadlo de todo corazón, como quien trabaja para el Señor, no para amos humanos". Este versículo lo cambia todo. Toma el concepto de trabajo, que a veces puede parecer pesado, y lo eleva a algo sagrado.

Sarah siempre había visto el trabajo como una necesidad, una forma de ganar un sueldo y mantener a su familia. Como profesora, sus días estaban llenos del ajetreo de las aulas y, aunque le encantaba ayudar a sus alumnos a aprender, a menudo se sentía agotada. A su marido, David, le ocurría lo mismo. Como fontanero, David trabajaba muchas horas para mantener a su familia, pero sus problemas económicos a menudo les hacían sentir como si estuvieran corriendo en una cinta sin fin, incapaces de salir adelante.

La Biblia está llena de historias de individuos que utilizaron sus talentos y habilidades al servicio de los demás y, al hacerlo, prosperaron. Por ejemplo, José. Vendido como esclavo por sus hermanos y posteriormente encarcelado en Egipto, José podría haberse rendido fácilmente. Pero en lugar de eso, utilizó sus talentos -su sabiduría y su habilidad para interpretar sueños- para servir a los que le rodeaban. Con el tiempo, su servicio le llevó a convertirse en el segundo hombre más poderoso de Egipto, encargado de gestionar los recursos de toda una nación. La historia de José nos recuerda que, independientemente de dónde nos encontremos, cuando utilizamos nuestros talentos para servir a los demás, nos posicionamos para recibir las bendiciones de Dios.

Tanto Sara como David creían que el trabajo duro era esencial, pero no podían deshacerse de la sensación de que su labor debía significar algo más que cubrir las facturas. Querían hacer algo más que *trabajar* por dinero: querían encontrar un significado y un propósito más profundos en lo que hacían.

Este capítulo trata de redefinir nuestra concepción del trabajo. Como Sara y David, muchos de nosotros vemos el trabajo como un medio para alcanzar un fin: una forma de llevar ingresos a casa y mantener a nuestras familias. Pero, ¿qué pasaría si viéramos nuestro trabajo con otros ojos? ¿Y si viéramos el trabajo no sólo como una necesidad, sino como una *expresión de creatividad y servicio*?

## Ganar dinero creando valor

Cada uno de nosotros tiene dones y talentos únicos, y esos talentos no son sólo para nuestro propio beneficio. Están destinados a ser compartidos con el mundo. Cuando nos centramos en utilizar nuestros dones para mejorar la vida de los demás -ya sea ofreciendo un producto, un servicio o simplemente nuestro tiempo y energía- estamos aportando algo de valor.

La clave para transformar nuestra forma de pensar sobre los ingresos reside en comprender este principio fundamental: *El dinero es la recompensa por crear valor*. Cuando aportas algo significativo al mundo, ya sea a través de tu talento, tus productos o tus servicios, recibes valor a cambio, a menudo en forma de dinero. Es un concepto sencillo pero poderoso: ganar más consiste en crear más valor.

Uno de los mayores cambios que puedes hacer en tu camino financiero es empezar a ver tu trabajo como una forma de servicio. En lugar de preguntarte "¿Cuánto dinero puedo ganar?", pregúntate "¿Cómo puedo servir a los demás con mis talentos?". Cuando cambiamos nuestra mentalidad para centrarnos en crear valor para los demás, el dinero llega de forma natural.

Para Sarah, este cambio de mentalidad fue revelador. Siempre había pensado que su trabajo era importante, pero ahora empezó a verlo de otra manera. Como profesora, no se limitaba a ganar un sueldo, sino que estaba influyendo profundamente en la vida de sus alumnos. Su trabajo consistía en formar mentes jóvenes, ayudarles a crecer y prepararles para el futuro. Cuando vio su trabajo a través de la lente del servicio, se dio cuenta de que el valor que estaba creando no era sólo para sus alumnos, sino para sus familias, sus comunidades y la sociedad en general.

David tuvo una revelación similar. Como fontanero, prestaba un servicio vital a la gente, garantizando que sus hogares fueran seguros y funcionales. Pero, como muchos de nosotros, nunca había pensado que su trabajo tuviera un significado especial más allá de la recompensa económica que le proporcionaba. Sin embargo, cuando David empezó a ver su trabajo como una forma de servir a los demás, de resolver problemas y mejorar la vida de la gente, empezó a sentir una mayor motivación.

Piense en ello: Las empresas que prosperan son las que satisfacen una necesidad. Las personas que tienen más éxito son las que ofrecen una solución a un problema, facilitan la vida de las personas o aportan alegría y belleza al mundo. Cuanto más valor crees, más recompensado serás, no solo económicamente, sino también en términos de satisfacción, propósito e impacto.

La Biblia nos enseña que cuando abordamos nuestro trabajo con dedicación y espíritu de servicio, nos alineamos con un propósito superior. Nuestras ganancias, por tanto, son un reflejo del valor que creamos y del servicio que prestamos.

**Mi viaje: El poder de ganar a través del servicio**

Al igual que Sarah y David, yo también tuve problemas con mi forma de ver el trabajo y los ingresos. Al crecer en un hogar modesto, el trabajo era simplemente una cuestión de supervivencia. Mi familia trabajaba duro para llegar a fin de mes y, durante mucho tiempo, consideré que ganar dinero era un trabajo constante, algo que tenía que hacer para mantenerme a flote. Pero cuando me hice mayor y comencé mi propio viaje financiero, me di cuenta de algo profundo: cuanto más valor creaba, más dinero ganaba. Y ese valor no venía simplemente de hacer horas, sino de *utilizar mis habilidades y talentos para ayudar a los demás.*

En mis primeros años, tuve varios trabajos, entre ellos lavar ventanas y vender suero sanguíneo para llegar a fin de mes. Estos trabajos pagaban las facturas, pero no me llenaban. No fue hasta que empecé a leer libros de finanzas y a aprender más sobre los principios de la creación de riqueza cuando empecé a cambiar mi perspectiva. Descubrí que la riqueza no consistía sólo en trabajar más duro, sino en trabajar *de forma más inteligente* y crear valor de manera que se alineara con mis puntos fuertes y mis pasiones.

Uno de los mayores cambios de mi vida se produjo cuando empecé un negocio alineado con mi visión y mis valores. Me di cuenta de que podía utilizar mis talentos únicos para crear algo que no sólo ganara dinero, sino que también marcara la diferencia en la vida de las personas. Y como resultado, el dinero volvió a mí. Fue un momento crucial para mí: ganar dinero ya no era sólo una cuestión de supervivencia, sino de *propósito*.

**Crear valor a través de la excelencia**

Ganar no se trata sólo del dinero que ganas, sino de la calidad del trabajo que haces. La Biblia nos llama a la excelencia en todo lo que hacemos. Proverbios 22:29 dice: "*¿Ves a alguien hábil en su trabajo? Servirá ante reyes; no servirá ante funcionarios de bajo rango*". La excelencia atrae favor. Cuando haces tu trabajo con diligencia, creatividad y espíritu de servicio, la gente lo nota. Quieren trabajar contigo, quieren contratarte y quieren recompensarte.

Esto no significa que tenga que ser perfecto. Pero sí significa que hagas lo que hagas, debes hacerlo con el compromiso de dar lo mejor de ti. Tanto si trabajas para una empresa como si diriges tu propio negocio, la forma en que enfocas tu trabajo no sólo refleja tu imagen, sino también la del Dios al que sirves. Cuando afrontas tu trabajo con excelencia, estás reflejando el carácter de Dios. Al fin y al cabo, Dios es un creador. Él creó el mundo con cuidado, precisión y belleza, y nosotros estamos llamados a hacer lo mismo en nuestro trabajo.

Una de las claves para crear valor a través de la excelencia es mejorar continuamente. Esto significa invertir en ti mismo: aprender nuevas habilidades, desarrollar tu talento y buscar oportunidades para crecer. Cuanto más inviertas en ti mismo, más podrás ofrecer a los demás. Y cuanto más valor aportes, más recompensado serás.

**Servir más para ganar más**

Cuando Sarah y David empezaron a ver su trabajo como una forma de servir, algo cambió para ellos. No se trataba de perseguir ascensos o de buscar sueldos más altos para ganar más dinero. Por el contrario, se trataba de encontrar formas de *servir* con mayor eficacia. Sarah empezó a pensar en cómo podía mejorar como profesora, cómo podía ayudar aún más a sus alumnos comprometiéndose con ellos de nuevas formas y aportando lo mejor de sí misma al aula cada día. David también buscó formas de servir mejor a sus clientes, ya fuera ofreciéndoles un servicio excepcional o yendo un paso más allá para asegurarse de que quedaban satisfechos.

La lección es que *ganar más* está directamente relacionado con *servir más*. Earl Nightingale, un conocido líder de pensamiento en desarrollo personal, lo dijo mejor: "Tus recompensas vendrán determinadas por la forma en que hagas tu trabajo multiplicada por el número de personas a las que sirvas". Esto significa que cuanto más valor aportes a los demás, mayor será tu recompensa, tanto económica como personal.

Pero aquí está la clave: servir más no significa necesariamente trabajar más horas o agotarse. Significa utilizar tu creatividad y talento para servir de forma significativa y con impacto. Cuando haces esto, el dinero se convierte en un subproducto natural del valor que estás creando. Ganar no se trata sólo del dinero que ganas, sino de la calidad del trabajo que haces.

Para Sarah y David, este principio supuso un cambio radical. Se dieron cuenta de que su capacidad para ganar más estaba directamente relacionada con el valor que podían crear con su trabajo. Sarah empezó a pensar en formas de ampliar su impacto como profesora, quizá dando clases particulares o ayudando a los alumnos fuera del horario habitual. David también empezó a explorar cómo podía aprovechar sus conocimientos de fontanería para crear aún más valor para sus clientes, quizá ofreciendo servicios especializados o formando a otros en su campo.

## Ganar con propósito: alinear el trabajo con los valores

Ganar dinero es mucho más que pagar las facturas. Es una oportunidad para expresar tu creatividad, servir a los demás y tener un impacto positivo en el mundo. Cuando abordas tu trabajo con un espíritu de servicio y excelencia, no sólo honras a Dios, sino que te posicionas para experimentar la abundancia financiera.

El siguiente paso para Sarah y David -y para todos nosotros- es alinear nuestro trabajo con nuestros valores. No basta con trabajar duro o incluso con servir a los demás. La verdadera satisfacción llega cuando encuentras un trabajo que te permite expresar tus *dones únicos* y, al mismo tiempo, mantenerte fiel a tus creencias fundamentales.

Para Sarah, esto significaba preguntarse: *¿Cómo puede mi trabajo como profesora reflejar mis valores más profundos?* No sólo quería ayudar a sus alumnos académicamente, sino también fomentar su crecimiento como personas compasivas y responsables. Esto se convirtió en el propósito que la guiaba y alimentó su deseo de ganar más, no sólo por la seguridad económica que proporcionaba a su familia, sino por el impacto que podía tener en las vidas de sus alumnos.

David también empezó a pensar en cómo podía trasladar sus valores a su trabajo. Siempre se había preocupado mucho por su comunidad y se dio cuenta de que su negocio de fontanería podía ser algo más que una forma de ganarse la vida. Podía ser una forma de devolver algo a sus vecinos, de ofrecer un servicio honesto y de confianza, y de utilizar sus habilidades para tener un impacto positivo.

Para mí, el punto de inflexión llegó cuando me di cuenta de que ganar con un propósito no consistía sólo en ganar dinero, sino en crear algo significativo. Mi negocio no era sólo una forma de generar ingresos; se convirtió en una plataforma para servir a los demás y vivir mis valores. Y cuando alineas tu trabajo con tus valores, encuentras un sentido más profundo de realización y propósito, algo que va mucho más allá de un sueldo.

**Lección clave: Ganar como reflejo de creatividad y servicio**

La lección clave para Sarah, para David y para todos nosotros es la siguiente: ganar no consiste únicamente en trabajar más horas o más duro. Se trata de utilizar tu creatividad y tu talento para servir a los demás. Cuando te centras en *crear valor*, el dinero viene solo. Y cuando alinees tu trabajo con tus valores, encontrarás un sentido más profundo de propósito y realización.

A medida que avanzas en este viaje, recuerda que tu capacidad para ganar dinero está directamente relacionada con la cantidad de valor que puedes crear en el mundo. Tanto si te dedicas a la enseñanza como a la fontanería, diriges una empresa o trabajas en cualquier otro campo, los principios siguen siendo los mismos: sirve más, crea más valor y las recompensas económicas llegarán solas.

El viaje de Sarah y David no ha hecho más que empezar, pero ya han aprendido que si ven su trabajo como una expresión de creatividad y servicio, pueden alcanzar el éxito económico y la realización personal. El próximo capítulo explorará cómo alinear tu trabajo aún más estrechamente con tus talentos y tu propósito, asegurando que el camino hacia la riqueza sea también un camino hacia el significado.

# Capítulo 5

# Alinear el trabajo con el propósito y los talentos

Todos hemos oído el dicho: "Haz lo que amas y el dinero te seguirá". Aunque parece un bonito ideal, la realidad para la mayoría de nosotros puede ser muy distinta. Las responsabilidades de la vida, las facturas y las circunstancias a menudo nos llevan por caminos que nunca habíamos imaginado. Muchos de nosotros acabamos trabajando en empleos que pagan las facturas pero no alimentan nuestras pasiones. Pero, ¿y si te dijera que alinear tu trabajo con tu propósito y tus talentos no es sólo una quimera? De hecho, es una de las formas más poderosas de encontrar la verdadera abundancia financiera y la satisfacción.

A medida que Sarah continuaba su viaje de transformación financiera, una nueva pregunta comenzó a surgir: *¿Cómo puedo alinear el trabajo que hago con mi sentido más profundo de propósito?* Aunque siempre había valorado su papel como profesora, a menudo se preguntaba si podría hacer más, tanto en términos de impacto como de ingresos. Quería que su trabajo no sólo sirviera para mantener a su familia, sino que también reflejara su talento único y sirviera a los demás de forma significativa. Pero, como muchos de nosotros, Sarah no estaba segura de cómo salvar la distancia entre lo que hacía y lo que se sentía llamada a hacer.

La verdad es que todos tenemos talentos que podemos utilizar para crear valor en el mundo. A veces esos talentos están ocultos bajo capas de rutina o miedo, pero están ahí, esperando a ser descubiertos y desarrollados. Alinear tu trabajo con tu propósito no significa abandonar tu trabajo actual o asumir riesgos drásticos. Se trata más bien de reconocer los dones que te han sido otorgados y utilizarlos para servir a los demás de un modo que esté en consonancia con tus valores.

Cada uno de nosotros fue creado con un propósito único. Efesios 2:10 nos dice: *"Porque somos hechura de Dios, creados en Cristo Jesús para hacer buenas obras, las cuales Dios preparó de antemano para que las hiciéramos."* Este versículo es un poderoso recordatorio de que no estamos aquí por accidente. Somos parte de un plan divino, con dones y talentos que son exclusivamente nuestros.

Pero, ¿con qué frecuencia nos sentimos desconectados de ese propósito? Es fácil perderlo de vista en el ajetreo de la vida, en la búsqueda de la estabilidad económica o en la rutina diaria de un trabajo que no nos satisface. Yo he pasado por eso. Al principio de mi carrera, tuve trabajos que no se ajustaban a mis talentos o pasiones. Hacía lo que tenía que hacer para llegar a fin de mes, pero siempre tenía una sensación de insatisfacción. Sentía que simplemente sobrevivía, no que prosperaba.

En este capítulo, exploraremos cómo puedes descubrir y potenciar tus talentos, alinear tu trabajo con tu propósito superior y, en última instancia, crear una vida en la que tus ingresos sean un reflejo del valor que aportas al mundo.

**Descubrir sus dones únicos**

Durante años, Sarah había hecho lo que muchos de nosotros: trabajar duro pero sentirse insatisfecha. Le encantaba enseñar, pero siempre tenía la molesta sensación de que no estaba aprovechando todo su potencial. A menudo se preguntaba*: ¿Es esto lo que realmente debo hacer?* Lo que no sabía era que sus verdaderos talentos y su propósito ya formaban parte de su vida. Sólo necesitaba verlos a través de una lente diferente.

La historia de Sarah me resulta familiar porque yo viví la misma lucha. Al igual que Sarah, tuve una serie de trabajos, algunos de los cuales me parecían puramente funcionales, diseñados para ganar un sueldo pero que ofrecían poca satisfacción personal. Recuerdo vívidamente aquellos primeros años en los que fregaba ventanas y vendía plasma sanguíneo para sobrevivir. Sabía que tenía aspiraciones mayores, pero me centraba en sobrevivir, no en prosperar.

El punto de inflexión llegó cuando empecé a hacerme una pregunta sencilla pero poderosa: ¿En qué soy realmente bueno y cómo puedo utilizarlo para crear valor para los demás? ¿Qué me sale de forma natural? ¿Por qué me felicita la gente? ¿Qué tareas o actividades me producen satisfacción y alegría? Esta pregunta me llevó a explorar mis puntos fuertes, mis pasiones y las formas en que podía servir a los demás y, al mismo tiempo, ganar más. No fue una revelación instantánea, pero con el tiempo empecé a darme cuenta de que mis talentos no estaban ocultos, sino que ya formaban parte de mi vida cotidiana. Simplemente no los había reconocido como activos que pudieran cultivarse y alinearse con mi trabajo.

Para algunas personas, sus talentos son fáciles de detectar. Pueden ser comunicadores, artistas, solucionadores de problemas o líderes dotados por naturaleza. Pero para otros, los talentos pueden ser más difíciles de identificar. Esto se debe a que a menudo damos por sentados nuestros propios dones. Lo que a ti te resulta fácil puede parecerte insignificante, pero para otra persona puede ser una habilidad rara y valiosa.

Una de las cosas más importantes que he aprendido es que Dios no desperdicia nada. Las cosas en las que eres naturalmente bueno -las cosas que te traen alegría- son parte de Su diseño para tu vida. Están destinadas a ser usadas para bendecir a otros y para darle gloria a Él.

Sarah se dio cuenta de ello cuando empezó a ver su papel de profesora desde una nueva perspectiva. Enseñar no era sólo un trabajo: era una oportunidad para inspirar a mentes jóvenes, ayudar a los alumnos a descubrir su propio potencial y tener un impacto duradero en sus vidas. Se dio cuenta de que su talento para la comunicación, la empatía y la resolución de problemas eran puntos fuertes que la convertían en una gran profesora. Y esos mismos talentos podían aplicarse de otras formas para ampliar sus perspectivas profesionales y económicas.

**Propósito y pasión: La clave para crear riqueza**

Una de las lecciones más importantes que he aprendido es que la creación de riqueza está directamente relacionada con la alineación de tu trabajo con tu propósito y tus pasiones. Cuando haces algo que te gusta y en lo que eres bueno, tu trabajo no se siente como una carga, sino como una extensión de lo que eres. Esto no significa que todos los días vayan a ser perfectos, pero sí que la dirección general de tu trabajo será satisfactoria y energizante.

Para Sarah, descubrir su propósito no significaba dejar su trabajo como profesora o hacer cambios drásticos. Por el contrario, se trataba de encontrar formas de alinear su trabajo actual con sus valores más profundos. Empezó a explorar formas de añadir más propósito a su labor docente, ya fuera mediante la tutoría de alumnos, la dirección de actividades extraescolares o la integración de sus valores personales en sus clases. También se planteó oportunidades fuera de la enseñanza, como dar clases particulares o redactar recursos educativos, que le permitieran utilizar su talento y aumentar sus ingresos al mismo tiempo.

David también empezó a replantearse su trabajo como fontanero. Aunque siempre le había parecido un medio para conseguir un fin, empezó a ver cómo sus habilidades técnicas y su experiencia práctica podían utilizarse para servir a su comunidad de formas más significativas. Ofreciendo un servicio excepcional, formando a aprendices y ampliando sus conocimientos, podía crear más valor para sus clientes y, a su vez, aumentar sus beneficios económicos.

La clave para alinear el trabajo con el propósito es reconocer que tus talentos no son sólo para ti: están destinados a ser compartidos. Cuando te centras en servir a los demás y crear valor, las recompensas económicas llegan de forma natural. Como dijo Earl Nightingale: "Tu recompensa vendrá determinada por la forma en que hagas tu trabajo multiplicada por el número de personas a las que sirvas".

**Convierte tus talentos en una carrera**

Una vez identificados tus talentos, el siguiente paso es encontrar la forma de alinearlos con tu trabajo. Esto no significa necesariamente dejar el trabajo y empezar de nuevo (aunque para algunos ese puede ser el camino adecuado). Puede ser tan sencillo como encontrar formas de incorporar más de tus dones naturales a tu trabajo actual o explorar proyectos paralelos y pasiones que te permitan utilizar tus talentos de nuevas formas.

Tómese un momento para reflexionar sobre su situación laboral actual. ¿Estás aprovechando al máximo tus talentos? Si no es así, ¿qué pequeños cambios podrías hacer para alinear tu trabajo más estrechamente con tus dones?

Por ejemplo, supongamos que trabajas en un puesto administrativo, pero siempre te ha apasionado el diseño. Tal vez podrías ofrecerte a ayudar en algunos proyectos creativos en tu trabajo actual o montar un pequeño negocio paralelo haciendo trabajos de diseño por tu cuenta. O si eres profesor y te encanta escribir, ¿podrías abrir un blog o escribir un libro en tu tiempo libre? Estos pequeños cambios pueden dar lugar a oportunidades mayores en el futuro y te permiten empezar a adaptar tu trabajo a tu talento sin tener que hacer un cambio drástico de golpe.

En mi propia vida, he visto cómo funciona este principio. Al principio de mi carrera, tenía trabajos que no se ajustaban plenamente a mis talentos. Sabía que tenía un don para la comunicación y la enseñanza, pero no utilizaba esas habilidades en mi trabajo diario. Así que empecé a buscar oportunidades para hablar, enseñar y escribir. Al principio, era sólo un pequeño proyecto paralelo, pero con el tiempo, esas oportunidades crecieron y pude hacer la transición a un trabajo que se sentía más alineado con mis dones y mi propósito.

Cuanto más utilices tus talentos, más oportunidades tendrás. Y a medida que alinees tu trabajo con tus dones, descubrirás que no sólo te sientes más realizado, sino que también tienes más éxito. La gente se siente atraída por quienes trabajan alineados con su propósito. Perciben la pasión, la autenticidad y la dedicación, y quieren apoyarlas.

**Pasos prácticos para alinear su trabajo con su propósito**

Alinear tu trabajo con tu propósito no sucede de la noche a la mañana. Es un proceso que implica autorreflexión, experimentación y voluntad de explorar nuevas oportunidades. Pero la recompensa merece la pena, no sólo por el éxito económico, sino por la sensación de plenitud y significado que aporta saber que estás marcando la diferencia.

He aquí algunos pasos prácticos que ayudaron a Sarah -y que te ayudarán a ti- a alinear tu trabajo con tu propósito y tus talentos:

**1. Identifica tus puntos fuertes y tus talentos**

Tómate tiempo para reflexionar sobre lo que se te da bien por naturaleza. ¿Cuáles son las tareas o actividades que se le dan mejor? ¿Para qué te piden ayuda con frecuencia? Tus puntos fuertes suelen ser indicadores de tus talentos únicos, de aquellas áreas en las que puedes crear más valor.

Para Sarah, sus puntos fuertes eran la comunicación y la tutoría. Se dio cuenta de que su capacidad para conectar con los estudiantes y guiarles a través de los retos era un activo valioso. David, por su parte, destacaba en la resolución de problemas y el trabajo manual, habilidades que le convirtieron en un fontanero de confianza en su comunidad.

**2. Explorar oportunidades de servicio**

Una vez que hayas identificado tus puntos fuertes, piensa en cómo puedes utilizarlos para servir a los demás. Esto no significa que tengas que cambiar de profesión o abrir un nuevo negocio; a menudo, hay formas de ampliar el impacto de tu trabajo actual. Para Sarah, esto significaba encontrar nuevas formas de relacionarse con sus alumnos y ofrecer su experiencia fuera del aula. Para David, significó ir más allá de los servicios básicos de fontanería y ofrecer conocimientos especializados que añadieran valor a la vida de sus clientes.

### 3. Alinee su trabajo con sus valores: Encuentra tu "Por qué"

Pregúntate cómo refleja tu trabajo tus valores fundamentales. ¿Estás haciendo un trabajo que tiene sentido para ti? ¿Está en consonancia con las cosas que más te importan? Para Sarah, alinear su trabajo con sus valores significaba incorporar más de su filosofía personal en su enseñanza, ya fuera a través de la planificación de las clases o de las interacciones con los estudiantes. Para mí, significó encontrar formas de utilizar mis habilidades para ayudar a los demás de manera significativa, al tiempo que construyo un negocio exitoso.

Alinear tu trabajo con tus talentos es importante, pero alinear tu trabajo con tu propósito superior es aún más poderoso. Tu propósito superior es el "por qué" de lo que haces. Es el impacto que quieres causar en el mundo, el legado que quieres dejar y la forma en que quieres servir a los demás.

Para algunos, este propósito superior puede estar vinculado a una causa o misión específica. Para otros, puede tratarse más bien de cómo te muestras en el mundo: viviendo con integridad, compasión y generosidad en todo lo que haces. En cualquier caso, cuando tu trabajo se alinea con tu propósito superior, encontrarás una sensación de satisfacción que va más allá del sueldo.

La Biblia está llena de ejemplos de personas que vivieron su propósito superior a través de su trabajo. Por ejemplo, Nehemías. Nehemías era copero del rey, una posición prestigiosa en sí misma, pero su propósito superior no era sólo servir en la corte del rey. Su propósito era reconstruir los muros de Jerusalén, restaurar y proteger a su pueblo. El trabajo de Nehemías estaba impulsado por un profundo sentido de vocación, y porque fue fiel a esa vocación, Dios bendijo sus esfuerzos.

### 4. Estar abierto a nuevas posibilidades, pasar a la acción

No tengas miedo de explorar nuevas oportunidades que te permitan utilizar tu talento de formas distintas. Esto podría significar iniciar un negocio paralelo, ofrecer servicios por cuenta propia o incluso cursar estudios adicionales para ampliar tu conjunto de habilidades. Sarah descubrió que dar clases particulares a estudiantes fuera de su horario escolar no sólo era una forma de obtener ingresos extra, sino también una prolongación satisfactoria de su carrera docente. David estudió cómo podía ofrecer servicios de fontanería más especializados que cubrieran una necesidad única en su comunidad.

### 5. Confiar en el proceso

Alinear tu trabajo con tu propósito y tus talentos es un viaje, no un destino. Puede tomar tiempo hacer una transición completa hacia un trabajo que se sienta alineado, pero confía en que a medida que continúes dando pasos en la dirección correcta, Dios guiará y bendecirá tus esfuerzos.

**Lección clave: Alinear los talentos con el propósito aporta plenitud y riqueza**

La lección más importante que Sarah aprendió -y la que yo he adoptado en mi propio viaje- es que cuando alineas tu trabajo con tus talentos y tu propósito, experimentas tanto el éxito financiero como la realización personal. Dejas de ver el trabajo como algo que *tienes* que hacer y empiezas a verlo como algo que puedes hacer: una oportunidad para servir a los demás y crear valor.

El viaje de Sarah sigue evolucionando, pero lo más importante para ella es lo siguiente: al alinear su trabajo con su propósito, ya no sólo trabaja para llegar a fin de mes. Utiliza su talento para tener un impacto significativo y, al hacerlo, abre nuevas oportunidades de crecimiento financiero y satisfacción personal.

Para ti, como para Sarah y David, el viaje de alinear tu trabajo con tu propósito es continuo. Puede que te lleve tiempo descubrir por completo tus talentos y encontrar las oportunidades adecuadas, pero la recompensa merecerá la pena. A medida que continúe leyendo este libro, exploraremos más formas de gastar menos, ahorrar más y crear seguridad financiera, todo ello manteniéndose fiel a sus valores y a su propósito.

# Parte III: Gastar menos, vivir bien

En esta parte del libro, aprenderás el poder de *la frugalidad:* cómo vivir por debajo de tus posibilidades sin sentirte privado o restringido. Proverbios 21:5 ofrece una valiosa sabiduría: *"Los planes del diligente conducen a la ganancia tan ciertamente como la prisa conduce a la pobreza"*. Esto habla de la importancia de gastar y planificar cuidadosamente, lo que conduce a la paz financiera y la abundancia.

Sarah y David aprendieron a encontrar la alegría en la sencillez. Al cambiar sus hábitos de gasto, se dieron cuenta de que vivir frugalmente no significa renunciar a la felicidad, sino centrarse en lo que realmente importa y eliminar lo que no importa. Descubrirá consejos prácticos para disfrutar de la vida sin gastar en exceso, lo que le permitirá experimentar una mayor libertad y paz. El objetivo no es sólo sobrevivir económicamente, sino prosperar con menos, lo que conduce a una vida que refleja satisfacción y sabiduría.

# Capítulo 6

# El poder de la administración y la organización

Cuando se trata de administrar el dinero, uno de los conceptos esenciales que más se pasan por alto es la *administración.* La idea de la administración va más allá de la mera gestión responsable del dinero: se trata de reconocer que los recursos que tenemos son una bendición y que tenemos la responsabilidad de utilizarlos sabiamente. La corresponsabilidad no significa que haya que tener millones en el banco para tener un impacto. Significa utilizar lo que tienes con eficacia, determinación y de un modo que refleje tus valores y prioridades. Como nos dice Proverbios 27:23-24: *"Asegúrate de conocer la condición de tus rebaños, presta cuidadosa atención a tus manadas; porque las riquezas no duran para siempre".*

Pero las buenas intenciones no bastan. La administración requiere organización. No se trata sólo de saber que necesitas gestionar mejor tu dinero; se trata de tener un plan y un sistema claros para hacerlo. Piensa en la administración como la mentalidad y en la organización como la herramienta.

Cuando combinas ambas, creas una base sólida para la salud financiera y la tranquilidad a largo plazo.

Durante años, Sarah sintió que sus finanzas la dirigían a ella, y no al revés. A pesar de que David y ella trabajaban duro, la familia se encontraba a menudo en apuros cuando surgía un gasto inesperado, ya fuera la reparación de un coche, una factura médica o algo tan sencillo como una excursión escolar para los niños. Sarah sabía que hacían todo lo posible por ser responsables, pero tenían la persistente sensación de que el dinero se les escapaba de las manos.

La causa de sus problemas financieros no era la falta de ingresos, sino la falta de organización. Sin un plan financiero claro, incluso las mejores intenciones pueden venirse abajo. Sarah se dio cuenta de que, aunque había sido diligente trabajando y tratando de ahorrar, no había desarrollado un enfoque estructurado para gestionar las finanzas de su familia.

El cambio que experimentó Sarah se produjo cuando empezó a entender el concepto de *mayordomía*. En la Biblia, la mayordomía se refiere a la gestión responsable de los recursos que Dios nos ha dado. Sarah siempre había pensado en esto en términos de dones espirituales o tiempo, pero le quedó claro que este mismo principio se aplicaba también al dinero. Tenía que convertirse en una buena administradora de las finanzas de su familia.

Del mismo modo, en mi propio viaje, no fue hasta que empecé a ver el dinero como algo que tenía que gestionar con cuidado y precisión que empecé a hacer progresos. Al igual que Sarah, crecí en un hogar donde el dinero era escaso, y durante años, viví de cheque en cheque, tratando de mantenerme al día con las facturas y las deudas. Me parecía un ciclo interminable. Pero cuando aprendí a organizar mis finanzas y a tratar el dinero como un recurso que había que gestionar, en lugar de como algo que simplemente iba y venía, todo cambió.

**La gestión comienza con la planificación**

La clave para ser un buen administrador de tus finanzas es la **planificación**. Proverbios 21:5 nos recuerda que "*Los planes del diligente conducen ciertamente a la abundancia, pero todo el que se precipita sólo llega a la pobreza.*" Este versículo resume perfectamente lo que Sarah y yo aprendimos: si quieres alcanzar la paz financiera, empieza con un plan sólido y diligente.

En la organización es donde se produce la magia. No basta con tener la mentalidad de un buen administrador, se necesita un sistema que lo respalde. Mucha gente tiene buenas intenciones financieras, pero sin un plan, esas intenciones a menudo se quedan por el camino. Por eso organizarse es crucial para el éxito a largo plazo.

La Biblia fomenta este tipo de planificación y preparación. Habla directamente de la necesidad de organizarse y planificar cuidadosamente la gestión del dinero. Ser organizado con sus finanzas no significa ser rígido, sino tener la libertad de tomar mejores decisiones, anticiparse a las necesidades futuras y responder con calma a las sorpresas financieras de la vida.

El primer paso de Sarah fue elaborar un presupuesto detallado. Ella y David nunca se habían sentado a planificar con exactitud los ingresos y los gastos. Como mucha gente, pagaban las facturas, intentaban ahorrar un poco y esperaban que el resto se arreglara solo. Pero sin un plan claro, parecía que siempre les tocaba ponerse al día.

Cuando por fin se comprometieron a organizar sus finanzas, empezaron por lo básico: enumerar todas sus fuentes de ingresos y sus gastos fijos. A partir de ahí, contabilizaron los gastos variables y empezaron a hacer un seguimiento del destino de su dinero. Fue revelador. Sarah se dio cuenta de que, aunque no malgastaban el dinero en cosas frívolas, había áreas en las que podían recortar gastos. Y lo que es más importante, les dio una sensación de control que no habían sentido en años.

Yo tuve una experiencia similar. Solía pensar que, como no gastaba dinero en artículos de lujo ni en compras extravagantes, no necesitaba un presupuesto. Pero lo que llegué a entender es que **cada dólar** necesita un propósito. Sin un plan, incluso los gastos pequeños y aparentemente insignificantes se acumulan. Cuando empecé a hacer un seguimiento minucioso de mis ingresos y gastos, pude identificar patrones y hacer ajustes. El simple hecho de organizar mis finanzas me transformó: convertí el caos en claridad.

**El poder de un plan de gastos**

Un presupuesto, o plan de gastos, es una de las herramientas más sencillas y poderosas de organización financiera. Mucha gente rehúye los presupuestos porque los considera restrictivos. Pero en realidad, un buen presupuesto consiste en crear libertad. Cuando sabes adónde va a parar tu dinero, ya no tienes que preocuparte de si podrás pagar esa reparación inesperada del coche o de si vas por buen camino para cumplir tus objetivos de ahorro.

Y lo que es más importante, un presupuesto te ayuda a asegurarte de que tus gastos reflejan tus valores. Lucas 14:28 nos recuerda la importancia de la planificación: "*Supongamos que uno de vosotros quiere construir una torre. ¿No os sentáis primero y calculáis el coste para ver si tenéis suficiente dinero para terminarla?*". Un presupuesto es esencialmente lo mismo: sentarse y planificar cómo asignar tus recursos de manera que apoyen tus objetivos.

Entonces, ¿cómo crear un presupuesto que funcione? Empieza por hacer un seguimiento de tus ingresos y gastos durante un mes. (Véase el Capítulo 2, donde ya empezamos a hacer el seguimiento) Identifique adónde va su dinero y agrupe sus gastos en categorías como lo esencial (vivienda, comestibles, servicios públicos), ahorros y gastos voluntarios (las cosas divertidas). Una vez que sepa adónde va su dinero, podrá empezar a ajustar sus gastos para que reflejen sus prioridades.

Por ejemplo, si valora viajar o quiere dar prioridad al ahorro para la educación de sus hijos, su presupuesto le permite dirigir intencionadamente sus recursos hacia esos objetivos. No estás eliminando la diversión, estás asegurándote de que tu dinero trabaja para ti, no en tu contra.

Crear un plan de gastos no consiste sólo en recortar, sino en ser intencionado. La familia de Sarah no necesitaba dejar de gastar por completo, sino alinear sus gastos con sus valores y objetivos. En lugar de sentirse culpable por cada dólar gastado, Sarah empezó a preguntarse: *"¿Nos está ayudando esta compra a alcanzar nuestros objetivos financieros?* Si la respuesta era negativa, era más fácil ajustar sus gastos.

En mi propia vida, descubrí que este cambio de mentalidad - pasar del gasto reactivo al gasto intencionado- era increíblemente liberador. Cuando empecé a dar un propósito a cada dólar, dejé de sentir la ansiedad que me producía gastar sin sentido. Sabía adónde iba mi dinero y tenía un plan sobre cómo me serviría a largo plazo.

Para Sarah y David, uno de los mayores cambios se produjo en la forma de ver sus *necesidades*. Antes consideraban que muchos de sus gastos eran fijos y no negociables. Pero después de revisar su presupuesto, se dieron cuenta de que había formas de reducir las facturas, reducir los gastos innecesarios y vivir por debajo de sus posibilidades sin sentir privaciones. No se trataba de eliminar las cosas que les gustaban, sino de asegurarse de que sus gastos se ajustaban a sus prioridades.

En la Biblia, Proverbios 13:16 dice: "*El sabio piensa en el futuro; el necio no, ¡y hasta presume de ello!*". Esta es la esencia de una buena administración financiera: pensar con anticipación, planificar para el futuro y administrar los recursos con sabiduría. Para Sara, esto significaba establecer un plan de gastos que no sólo cubriera sus necesidades inmediatas, sino que también les permitiera ahorrar y dar generosamente sin sentirse en apuros económicos.

**Automatización: Crear hábitos financieros duraderos**

Uno de los pasos más prácticos que dio Sarah en su camino hacia una mejor administración financiera fue automatizar sus finanzas. Como muchas otras familias, Sarah y David a menudo se veían apurados a final de mes, intentando ahorrar lo que les sobraba. Pero al establecer transferencias automáticas a su cuenta de ahorro y a sus fondos de jubilación, pudieron dar prioridad al ahorro sobre cualquier otra cosa.

Este es un principio que también cambió mi vida financiera. Al principio, me di cuenta de que si esperaba a final de mes para ahorrar, rara vez me quedaba algo. Pero cuando convertí el ahorro en algo automático -estableciendo transferencias que se producían en cuanto cobraba-, ahorrar se convirtió en un juego de niños. Así dejé de tener que tomar decisiones y creé un hábito que perduró.

Para Sarah, automatizar sus ahorros e inversiones le dio tranquilidad. En lugar de preocuparse por si estaban ahorrando lo suficiente para el futuro, sabía que estaban ahorrando constantemente. Esto le permitió centrarse en otros objetivos financieros, como el pago de deudas y la creación de un fondo de emergencia.

La automatización es una herramienta poderosa porque le permite mantener la coherencia, incluso cuando la vida se vuelve ajetreada. Es fácil olvidarse de transferir dinero a los ahorros o retrasar la inversión debido a otros gastos urgentes. Pero al automatizar estos procesos, te aseguras de cumplir tus objetivos a largo plazo, incluso cuando el día a día se interpone en tu camino.

### Corresponsabilidad significa prepararse para el futuro

Una buena administración es algo más que gestionar el dinero de hoy: es prepararse para el mañana. Para Sarah, esto significaba tomar medidas para asegurar el futuro financiero de su familia, ya fuera creando un fondo de emergencia o ahorrando para la educación de sus hijos. Al organizar sus finanzas y dar prioridad a los objetivos a largo plazo, Sarah y David empezaron a sentir que controlaban mejor su futuro.

Todos sabemos que ahorrar es esencial, pero ahorrar sin un propósito puede resultar poco estimulante. Por eso hay que darles una función. Proverbios 21:20 dice: *"Los sabios acumulan alimentos selectos y aceite de oliva, pero los necios engullen lo suyo"*. Ahorrar no es sólo tener dinero extra, es planificar el futuro.

Una de las mejores formas de mantener la motivación para ahorrar es crear categorías claras para tus ahorros. Por ejemplo:

- **Fondo de emergencia**: Dinero reservado para imprevistos como facturas médicas o reparaciones del coche.
- **Ahorros a largo plazo**: Para grandes objetivos como el pago inicial de una casa o la jubilación.
- **Ahorros a corto plazo**: Para cosas como vacaciones o proyectos familiares.

Cuando tus ahorros tienen un objetivo claro, es más fácil mantener la disciplina porque sabes exactamente para qué estás trabajando. Además, cuando la vida te depare imprevistos inevitables, tendrás el colchón financiero necesario para afrontarlos sin estresarte ni endeudarte.

En la Biblia, Proverbios 6:6-8 dice: "*Ve a la hormiga, perezoso; considera sus caminos y sé sabio. No tiene comandante, ni supervisor ni gobernante, pero almacena sus provisiones en verano y recoge su comida en la cosecha*". Este versículo habla de la importancia de planificar y almacenar para el futuro. Es un recordatorio de que la buena administración requiere previsión y preparación.

Para mí, una de las lecciones más importantes de la administración fue aprender a *planificar lo inesperado*. La vida está llena de sorpresas, y sin un fondo de emergencia o un colchón financiero, esas sorpresas pueden desbaratar tus planes. Una vez que empecé a dar prioridad al ahorro para emergencias, descubrí que podía afrontar retos inesperados sin el estrés y la ansiedad que solía sentir.

Sarah y David también se tomaron muy en serio esta lección. Empezaron creando un pequeño fondo de emergencia, suficiente para cubrir entre tres y seis meses de gastos. Esto les dio una sensación de seguridad y les permitió centrarse en otros objetivos financieros, sabiendo que contaban con una red de seguridad.

**Lección clave: La organización es la base del éxito financiero**

La lección clave que Sarah aprendió -y que yo he adoptado en mi propia vida- es que **la organización es la base del éxito financiero**. Sin un plan, incluso las mejores intenciones pueden conducir a la frustración y al fracaso. Pero con un presupuesto claro, un plan de gastos alineado con tus valores y ahorros automáticos, puedes tomar el control de tus finanzas y construir una vida de paz financiera.

Para Sara y David, aprender a organizar su dinero transformó su relación con él. Ya no vivían en una constante ansiedad financiera, sino que vivían intencionadamente, con un plan tanto para el presente como para el futuro.

A medida que avancemos en el siguiente capítulo, exploraremos cómo vivir por debajo de sus posibilidades y abrazar la simplicidad puede fortalecer aún más su salud financiera. Combinando el poder de la administración con el gasto y el ahorro intencionados, puedes construir una base financiera sólida que respalde tanto tus necesidades a corto plazo como tus objetivos a largo plazo.

# Capítulo 7

## Gastar menos, pero vivir más

Cuando Sarah empezó a poner en orden sus finanzas, enseguida se dio cuenta de algo: no se trataba sólo de gestionar sus ingresos, sino de cómo los gastaban ella y David. Durante años, se habían centrado en ganar lo suficiente para cubrir sus gastos, pero no habían analizado en profundidad esos gastos. Sarah siempre había sido cuidadosa con el dinero, pero empezó a preguntarse: *¿Había una forma mejor de enfocar los gastos?*

Nuestro mundo parece estar construido sobre la idea de que cuanto más tengamos, más felices seremos. Se nos anima constantemente a comprar, mejorar y acumular. Pero hay una verdad que puede sorprenderle: tener más no siempre equivale a ser feliz. De hecho, a veces ocurre lo contrario. Cuanto más compramos, más nos agobia la necesidad de mantener y financiar un estilo de vida que no siempre está en consonancia con nuestros verdaderos valores. La Biblia se hace eco de esto cuando dice en Eclesiastés 5:10: *"Quien ama el dinero nunca tiene suficiente; quien ama la riqueza nunca está satisfecho con sus ingresos."*

¿Y si en lugar de perseguir constantemente *más*, cambiáramos nuestra mentalidad para aceptar *menos, pero* con un propósito mayor? Gastar menos no tiene por qué significar renunciar a la alegría, la diversión o la satisfacción. De hecho, puede llevarnos a una vida con más sentido, en la que las cosas en las que invertimos -tanto económica como emocionalmente- nos aporten mayor felicidad y una satisfacción más profunda.

Para muchos, la idea de la austeridad puede parecer desalentadora. La palabra en sí suele evocar imágenes de privación, recorte de gastos y abstinencia. Pero, como Sarah pronto aprendió, la frugalidad no consiste en sacrificar la alegría, sino en simplificar la vida para poder centrarse en lo que de verdad importa. La frugalidad te permite vivir por debajo de tus posibilidades no por necesidad, sino por intención, creando libertad financiera en el camino.

Cuando yo era pequeña, no teníamos mucho. Vivíamos de la tierra, usábamos ropa usada y gastábamos con cuidado. Aunque siempre había comida en la mesa gracias al huerto, el dinero sobrante volvía directamente a la granja. El ahorro era un principio muy valorado en mi familia, pero a menudo se invertía en grandes compras por necesidad. Incluso de adulto, me encontré repitiendo ese ciclo: ganaba más pero también gastaba más, pensando que sólo estaba cumpliendo con las exigencias de la vida. No fue hasta que abracé la frugalidad y la alegría de la sencillez que finalmente me liberé de esa rueda de hámster.

## La trampa de la inflación del estilo de vida

Una de las trampas más comunes en las que cae la gente es *la inflación del estilo de vida*. Esto ocurre cuando tus ingresos aumentan y, en lugar de utilizar ese dinero extra para ahorrar o invertir, lo gastas en mejorar tu estilo de vida: más cenas fuera, aparatos más elegantes, una casa más grande. El problema con la inflación del estilo de vida es que se come rápidamente el aumento de tus ingresos, dejándote en la misma situación financiera que antes. Eclesiastés 4:6 ofrece un poco de sabiduría al respecto: *"Más vale un puñado con tranquilidad que dos puñados con trabajo y persiguiendo el viento"*.

¿Cuál es el resultado? Ganas más, pero no te sientes necesariamente más seguro o satisfecho. Puede que incluso sientas que estás en un camino sin fin, trabajando más sólo para mantener un estilo de vida que no te hace realmente feliz. Este ciclo deja poco margen para ahorrar, invertir o dar generosamente. En lugar de eso, te ves atrapado en un bucle en el que tus gastos aumentan para ajustarse a tus ingresos, y tu estrés financiero crece a la par.

Romper el ciclo de inflación del estilo de vida es clave para gastar menos y vivir más. El objetivo no es privarse, sino elegir gastar en las cosas que realmente te importan y recortar en las que no.

## La austeridad no es privarse de nada

Lo primero que Sarah tuvo que entender -y algo que yo aprendí en mi propio viaje- fue que la frugalidad no consiste en *privarse* de nada. Por el contrario, se trata de ser *intencional* con la forma en que gastas, reconociendo que cada dólar que ahorras puede servir a un propósito mayor. Cuando eliges vivir con sencillez, no estás simplemente recortando gastos: estás tomando la decisión consciente de dar prioridad a lo que realmente aporta valor a tu vida.

Sarah empezó a aplicar esta mentalidad a su vida diaria. Se dio cuenta de que no necesitaba hacer recortes drásticos en el estilo de vida de su familia. En su lugar, se centró en identificar las áreas en las que sus gastos no estaban en consonancia con sus valores. Por ejemplo, ella y David siempre habían dado prioridad al tiempo en familia, pero a menudo gastaban dinero en cosas que no les aportaban una felicidad duradera, como salir a comer fuera con frecuencia o actualizar sus teléfonos cada año. Al simplificar estas áreas de su vida, pudieron reducir sus gastos sin sacrificar lo que más les importaba.

A mí me ocurrió algo parecido. Cuando empecé a examinar mis hábitos de gasto, descubrí que muchas de las cosas en las que gastaba no añadían valor a mi vida. Eran comodidades, claro, pero ¿eran realmente necesarias? La clave para abrazar la frugalidad fue darme cuenta de que *tener menos a menudo puede aportar más felicidad*. Simplificar mi vida no significaba privarme de nada, sino liberarme del desorden que me distraía de lo que realmente importaba.

La Biblia ofrece sabiduría sobre este principio en Proverbios 15:16: *"Más vale poco con el temor del Señor que grandes riquezas con la confusión"*. Este versículo nos recuerda que la verdadera riqueza no consiste en acumular posesiones o vivir opulentamente, sino en estar contentos, ser sencillos y dar prioridad a lo que es verdaderamente importante.

**¿Qué es lo que realmente te da alegría?**

Una de las preguntas más poderosas que puedes hacerte es la siguiente: *¿Qué es lo que realmente me hace feliz?* A menudo suponemos que gastar más dinero nos hará más felices, pero rara vez es así. Muchas de las cosas que compramos sólo nos proporcionan un placer temporal: nuevos aparatos, ropa de moda o comidas caras. La emoción desaparece rápidamente y, al poco tiempo, estamos a la caza de la siguiente compra.

La Biblia nos lo recuerda en Mateo 6:19-21: *"Dejen de acumular para ustedes tesoros en la tierra, donde las polillas y el oxido los echan a perder y dondo los ladrones entran a robar. Más bien, acumulen para ustedes tesoros en el Cielo, donde ni las polillas ni el ocido los echan a perder y donde los ladrones no entran a robar. Porque donde esté tu tesoro, allí estará también tu corazón".*

La verdadera alegría suele provenir de cosas más sencillas: experiencias significativas, relaciones y actividades que alimentan el alma. Puede que se trate de un viaje familiar, una tarde tranquila con un buen libro o tiempo en la naturaleza. Estos momentos no requieren un gasto interminable, pero a menudo aportan una satisfacción duradera.

Para ser consciente de tus gastos, empieza por identificar lo que te produce auténtica felicidad. A continuación, centre sus gastos en esas áreas y reduzca el resto. Antes de hacer una compra, pregúntate:

1. ¿Aportará realmente alegría duradera a mi vida?
2. ¿Esta compra resuelve un problema real y continuo, o es sólo una compra impulsiva?

Estas sencillas preguntas pueden ayudarle a detenerse y reflexionar antes de gastar, asegurándose de que su dinero se destina a cosas que aportan un valor duradero y no una satisfacción temporal.

### El viaje de Sarah hacia la sencillez

Para Sarah, abrazar la frugalidad se convirtió no tanto en recortar gastos como en alinear sus gastos con sus valores. Empezó haciéndose dos preguntas sencillas antes de hacer cualquier compra: *¿Aumentará esto mi felicidad de forma constante?* y *¿Resolverá este artículo una frustración que experimento con regularidad?*

Estas dos preguntas se convirtieron en la guía de Sarah. Si algo no añadía un valor constante o resolvía un problema persistente, no merecía la pena gastarlo. Se dio cuenta de que si tenía en cuenta sus gastos, podía disfrutar más de la vida. En lugar de centrarse en las cosas, empezó a dar prioridad a las experiencias y las relaciones, cosas que le proporcionaban una alegría duradera en lugar de una satisfacción temporal.

David también empezó a ver las ventajas de la sencillez. Aunque siempre se había enorgullecido de trabajar duro y mantener a su familia, empezó a darse cuenta de que *mantener* no significaba necesariamente gastar más. Al simplificar su vida financiera, él y Sarah descubrieron que tenían más tiempo para centrarse en lo importante, ya fuera pasar tiempo con sus hijos, profundizar en su relación mutua o devolver algo a su comunidad.

Yo sufrí una transformación similar. Cuando empecé a vivir de forma más sencilla, descubrí que no sólo ahorraba dinero, sino que ganaba en tranquilidad. Con menos gastos de los que preocuparme, tenía más espacio mental para centrarme en las cosas que realmente me importaban. La sencillez me liberó del interminable ciclo de trabajar más para gastar más. En su lugar, podía dedicar tiempo a crear, reflexionar y establecer relaciones significativas.

**El modelo mental de la vida frugal**

A muchos nos han hecho creer que tener más -más cosas, más dinero, más experiencias- es la clave de una buena vida. Pero, a menudo, más sólo conduce a más estrés. Puede parecer que cuanto más acumulamos, más tenemos que gestionar, mantener y pagar. Como dice Proverbios 15:16: *"Más vale poco con el temor del Señor que grandes riquezas con la confusión"*.

La sencillez es el antídoto contra este ciclo interminable de consumo. Vivir con sencillez no significa renunciar a todo lo que amas; significa ser consciente de lo que permites que entre en tu vida. Se trata de eliminar el exceso para poder centrarte en lo que de verdad importa, ya sean las relaciones, las experiencias o el crecimiento personal.

En mi propia vida, he descubierto que cuando recorto gastos innecesarios, me siento más ligero, más libre y con más control. Ya no me siento agobiado por la necesidad constante de comprar más o de seguir el ritmo de los demás. En cambio, puedo centrarme en las cosas que realmente aportan valor a mi vida.

Para que la frugalidad fuera sostenible y gratificante, tanto Sarah como yo descubrimos que era esencial adoptar un nuevo modelo mental de gasto. Este modelo no consistía en negarnos a nosotros mismos, sino en ser reflexivos e intencionados en cada decisión financiera.

Una de las estrategias clave que nos ayudó a ambos fue optimizar la *felicidad* en lugar del estatus o la comodidad. Antes de hacer una compra, nos preguntábamos si el artículo nos aportaría alegría a largo plazo o si era sólo un deseo pasajero. Este cambio mental ayudó a Sarah y David a replantearse su relación con el dinero. En lugar de pensar en lo que podían comprar para estar a la altura de sus vecinos o de las últimas tendencias, empezaron a pensar en cómo podían utilizar su dinero para aumentar su felicidad general y reducir el estrés.

Para mí, este cambio de mentalidad se produjo cuando me di cuenta de que vivir de forma frugal no significaba vivir sin alegría. Significaba centrarse en lo que realmente aportaba felicidad. Al optimizar la felicidad -en lugar de los placeres a corto plazo- descubrí que no sólo ahorraba dinero, sino que también vivía una vida más plena. Este principio, basado en la sencillez, trata de evitar la "adaptación hedónica", el fenómeno por el que nos acostumbramos rápidamente a las cosas nuevas y caras y dejamos de disfrutar con ellas.

La frugalidad, en este sentido, te permite escapar del ciclo de buscar constantemente más. Te permite vivir con menos, pero *disfrutando* más.

### Vivir por debajo de tus posibilidades, pero por encima de tu umbral de felicidad

El concepto de *vivir por debajo de tus posibilidades* es uno de los hábitos financieros más poderosos que puedes adoptar. No se trata de llevar una vida de privaciones, sino de liberarse de la necesidad constante de estar al día, gastar más de la cuenta o estresarse por el dinero. Al gastar sistemáticamente menos de lo que ganas, creas un colchón financiero que te permite ahorrar, invertir y dar sin miedo a quedarte sin dinero.

Cuando vives por debajo de tus posibilidades, tienes opciones. Ya no estás atado a tu sueldo, preocupado por cómo cubrirás la próxima factura o emergencia. Tienes libertad para tomar decisiones acordes con tus valores y objetivos a largo plazo.

El siguiente paso clave en la transformación financiera de Sarah y David fue aprender a vivir *por debajo de sus posibilidades* sin sacrificar las cosas que les daban felicidad. Esto no significa recortar tanto que la vida parezca una lucha constante, sino encontrar un equilibrio en el que se cumplan las obligaciones financieras, se alcancen los objetivos y el estilo de vida refleje los valores de cada uno.

Una de las palancas financieras más poderosas es aprender a vivir con menos. Esto no significa que debas ser frugal por ser frugal. Se trata de maximizar la felicidad minimizando los gastos innecesarios. Como he aprendido a lo largo de los años, la persona que gana 50.000 dólares al año y sólo necesita 40.000 para ser feliz es más rica que la que gana 150.000 pero necesita 151.000 para mantener su estilo de vida.

Para Sarah, este descubrimiento fue liberador. Ella y David se dieron cuenta de que viviendo por debajo de sus posibilidades y centrándose en las cosas que realmente les daban alegría -la familia, la comunidad, las experiencias- podían reducir su estrés financiero y crear riqueza a largo plazo. No se trataba de privarse, sino de crear más espacio para las cosas que más importaban.

### Pasos prácticos para gastar menos y vivir más

Entonces, ¿cómo empezar a gastar menos viviendo una vida más plena? He aquí algunos pasos prácticos para guiarte:

### 1. Controle sus gastos (otra vez)

El primer paso para gastar menos es saber adónde va el dinero. Durante un mes, controle cada uno de sus gastos. Es probable que descubras áreas en las que puedes recortar fácilmente sin sentirte privado. Tal vez sean demasiados cafés o esas compras nocturnas por Internet.

Este ejercicio puede ser revelador. No se trata de hacerte sentir culpable, sino de darte claridad y control. Una vez que sepas adónde va tu dinero, podrás empezar a tomar decisiones intencionadas sobre dónde recortar y dónde invertir.

**2. Centrarse en las experiencias más que en las cosas**

La Biblia nos enseña en Hechos 20:35: "Más bienaventurado es dar que recibir". Aunque esto habla de generosidad, también encierra una verdad sobre cómo encontramos la satisfacción. Las investigaciones demuestran que las personas que gastan dinero en experiencias -ya sea viajar, pasar tiempo con sus seres queridos o dedicarse a un hobby- suelen ser más felices que las que gastan en bienes materiales.

Las experiencias suelen proporcionar recuerdos duraderos y una mayor satisfacción, mientras que la emoción de comprar cosas nuevas tiende a desaparecer rápidamente. Si orientas tus gastos hacia experiencias que te aporten alegría, verás que no echas de menos las cosas materiales que has reducido.

**3. Practicar la gratitud**

La gratitud es una de las formas más poderosas de contrarrestar el deseo de tener más. Cuando te tomas tiempo para apreciar lo que ya tienes, empiezas a ver cuánta abundancia hay ya en tu vida. Este cambio de mentalidad hace que sea más fácil resistirse a la presión constante de comprar más y gastar más.

Como nos recuerda 1 Timoteo 6:6-8: *"Pero la piedad con contentamiento es gran ganancia. Porque nada hemos traído al mundo, y nada podemos sacar de él. Pero si tenemos comida y vestido, con eso nos contentaremos".*

Si te centras en la gratitud, descubrirás que necesitas mucho menos de lo que crees para ser verdaderamente feliz.

### 4. Establecer objetivos financieros claros

Cuando tienes objetivos financieros claros, es más fácil resistirse a los gastos innecesarios. Tanto si estás ahorrando para un gran viaje, como si estás pagando una deuda o aumentando tu fondo de jubilación, tener un objetivo específico te mantiene centrado. Es menos probable que malgastes el dinero en cosas que no importan cuando sabes que ese dinero podría destinarse a algo más significativo.

Tus objetivos actúan como una brújula que guía tus decisiones financieras y te ayuda a mantener el rumbo, incluso cuando surgen tentaciones.

### 5. Pruebe una semana "sin gastos

Una semana "sin gastos" es una forma divertida de reajustar sus hábitos de gasto. Durante esta semana, desafíate a gastar dinero solo en lo esencial: nada de salir a cenar, nada de compras impulsivas, nada de comprar cosas que realmente no necesitas.

Este ejercicio te ayuda a romper el hábito de gastar sin sentido y te recuerda lo mucho que ya tienes. También puede ayudarte a descubrir formas creativas de disfrutar de la vida sin gastar dinero constantemente.

**Lección clave: La sencillez como camino hacia la libertad**

La lección clave para Sarah -y para todos nosotros- es *que la sencillez conduce a la libertad.* Al abrazar la frugalidad y aprender a vivir por debajo de tus posibilidades, creas espacio financiero para ahorrar, invertir y dar generosamente. Y lo que es más importante, te liberas de la ansiedad y la presión que supone necesitar más constantemente.

Tanto en el viaje de Sarah como en el mío, aprendimos que la alegría de la simplicidad no consiste en tener menos, sino en *querer menos.* Al cambiar nuestra mentalidad y centrarnos en lo que realmente nos da felicidad, pudimos construir una vida de paz financiera y propósito.

Gastar menos no significa vivir menos: significa vivir de forma más intencionada. Se trata de elegir invertir tu dinero en cosas que realmente te aporten felicidad, eliminar los excesos y centrarte en lo que más importa. Si vives por debajo de tus posibilidades, simplificas tu vida y te centras en las experiencias más que en las cosas, podrás crear una vida más rica, plena y alegre.

A medida que avanzas en tu propio viaje financiero, recuerda que la frugalidad no consiste en recortar, sino en dejar espacio para lo que importa. Si vives de forma sencilla e intencionada, no solo ahorrarás dinero, sino que también crearás la libertad necesaria para perseguir tus verdaderas pasiones y vivir una vida con sentido.

En el próximo capítulo, exploraremos cómo ahorrar la diferencia -la diferencia entre lo que gana y lo que gasta- puede ser la base para construir la libertad financiera. Si adoptas los principios de administración, simplicidad e intencionalidad, estarás en el buen camino para lograr un éxito financiero duradero.

# Parte IV: Ahorrar la diferencia, construir la libertad financiera

Esta sección es tu guía de *estrategias prácticas* para ahorrar, crear un fondo de emergencia e invertir sabiamente. Proverbios 6:6-8 aconseja: *"Ve a la hormiga, perezoso; considera sus caminos y sé sabio. No tiene comandante, ni supervisor ni gobernante, pero almacena sus provisiones en verano y recoge su comida en la cosecha".* Estos versículos nos animan a prepararnos y ahorrar para el futuro, algo esencial para alcanzar la paz financiera.

Aprenderás a automatizar tus sistemas financieros, reduciendo la carga de la preocupación financiera constante. Sarah y David adoptaron la disciplina de ahorrar con un propósito, creando un fondo de emergencia que les dio tranquilidad. A través de su ejemplo, verás cómo la automatización y la inversión disciplinada pueden liberarte del estrés financiero, permitiendo que tu riqueza crezca de forma constante a lo largo del tiempo. Esta sección se centra en poner en marcha los sistemas que le servirán a largo plazo, garantizando la seguridad de su futuro financiero.

# Capítulo 8

## Crear un fondo de emergencia y un colchón financiero

A estas alturas, Sarah y David habían avanzado mucho en su viaje financiero. Habían cambiado su mentalidad con respecto al dinero, habían empezado a organizar sus finanzas y habían abrazado el placer de la sencillez y la frugalidad. Pero aún había algo que pesaba mucho en la mente de Sara: la preocupación constante por lo desconocido. ¿Y si surgía una factura médica inesperada? ¿Y si el coche volvía a averiarse? A pesar de sus esfuerzos, el miedo a las emergencias financieras se cernía sobre ellos como una nube.

La ansiedad de Sarah me resultaba familiar. Al crecer, fui testigo de primera mano de lo precarias que podían ser las finanzas cuando no se disponía de un colchón financiero. Incluso de adulto, después de años de administrar el dinero, me encontré atrapado en el mismo ciclo: trabajando duro pero sintiéndome constantemente al límite debido a la imprevisibilidad de la vida. No fue hasta que aprendí la importancia de constituir un fondo de emergencia cuando por fin experimenté la tranquilidad. Y una vez que Sarah adoptó esta idea, también transformó la situación financiera de su familia.

Un fondo de emergencia no es sólo una herramienta financiera: es una *red de seguridad* que le permite hacer frente a lo inesperado sin descarrilar su progreso financiero. Crea una barrera entre usted y los retos inevitables de la vida, dándole la libertad de afrontar las emergencias con confianza y no con pánico.

**La importancia de un fondo de emergencia**

La vida es imprevisible. Imagínese que mañana se despierta y se da cuenta de que ha perdido su trabajo, se le avería el coche o tiene que hacer frente a una factura médica inesperada. ¿Cuál sería su primer pensamiento? Para muchos, sería el pánico: "¿Cómo voy a cubrir esto?". Esta es la realidad de innumerables personas que viven de cheque en cheque, sin un colchón financiero. Pero hay una forma de pasar del miedo y el estrés a la tranquilidad. Se trata de crear un *fondo de emergencia.*

Una de las primeras lecciones que Sarah aprendió sobre la construcción de la seguridad financiera fue el principio bíblico de la preparación. Proverbios 6:6-8 nos enseña: *"Acércate a la hormiga, perezoso; considera sus caminos y sé sabio. No tiene comandante, ni supervisor, ni gobernante, pero almacena sus provisiones en verano y recoge su comida en la cosecha"*. Este versículo es un poderoso recordatorio de que una buena administración financiera implica prepararse para el futuro.

Para Sarah, esto significaba crear un fondo de emergencia. Ella y David siempre habían tenido la intención de ahorrar para un día lluvioso, pero su enfoque había sido inconsistente. Como muchas familias, reservaban dinero aquí y allá, pero surgía una emergencia -una reparación del coche, una factura médica inesperada- y los ahorros desaparecían rápidamente. Estaban atrapados en un ciclo de ahorro y gasto, sin llegar a crear el colchón financiero que necesitaban para sentirse seguros.

En mi vida he vivido este mismo ciclo. Cada vez que ahorraba algo de dinero, parecía que algo acababa con esos ahorros. No fue hasta que hice de *la creación de un fondo de emergencia* una parte no negociable de mi estrategia financiera que pude liberarme de la preocupación constante de las emergencias financieras. La diferencia era la siguiente: en lugar de esperar a final de mes para ver si me quedaba algo que ahorrar, convertí el ahorro en una prioridad, automatizando las transferencias a un fondo de emergencia designado al principio de cada mes.

### Cómo construyó Sarah su colchón financiero

Con una nueva comprensión de la administración y la organización, Sarah y David empezaron a dar prioridad a la creación de su fondo de emergencia. Se fijaron un objetivo claro: ahorrar entre tres y seis meses de gastos de manutención. Esta cantidad, aunque desalentadora al principio, les proporcionaría un colchón suficiente para cubrirse en caso de que uno de ellos perdiera su trabajo o se produjera un gasto mayor inesperado.

El primer paso que dio Sarah fue automatizar sus ahorros. En lugar de esperar que les sobrara dinero a final de mes, establecieron transferencias automáticas a su fondo de emergencia el mismo día en que recibían su sueldo. De este modo, ahorrar se convirtió en un hábito, algo que hacían constantemente sin tener que pensar en ello.

Empezaron poco a poco, comprendiendo que ahorrar poco a poco acabaría sumando. Sarah se dio cuenta de que la clave no estaba en cuánto ahorraban de una vez, sino en ahorrar *con regularidad*. Y a medida que su fondo de emergencia crecía, también lo hacía su sensación de seguridad financiera.

Yo utilicé la misma estrategia para salir de la inestabilidad financiera. La creación de un colchón financiero no se produjo de la noche a la mañana, pero fijándome un objetivo y automatizando mis ahorros, pude crear un colchón de forma lenta pero segura. Y una vez creado ese colchón, todo cambió. Ya no me angustiaba cada gasto inesperado. La tranquilidad de saber que disponía de una red de seguridad financiera era inestimable.

## Establecer objetivos realistas: Empezar poco a poco

Uno de los errores más comunes a la hora de ahorrar para emergencias es fijarse objetivos poco realistas. Al principio, Sarah se sintió abrumada por la idea de ahorrar entre tres y seis meses de gastos. Para una familia que vive al día, ese tipo de objetivo parecía inalcanzable. Pero al dividirlo en pasos más pequeños y manejables, Sarah y David pudieron empezar a tomar impulso.

Empezaron fijándose el objetivo a corto plazo de ahorrar 1.000 dólares, una cantidad que podría cubrir la mayoría de las pequeñas emergencias, como reparaciones del coche o facturas médicas. Alcanzar este objetivo les dio una sensación de logro y les demostró que ahorrar era posible. A partir de ahí, se centraron en construir un colchón mayor, paso a paso. Los expertos financieros suelen recomendar tener ahorrados entre tres y seis meses de gastos de subsistencia.

A mí me pasó lo mismo. Cuando empecé a ahorrar para emergencias, la idea de ahorrar miles de dólares me parecía imposible. Pero si empezaba poco a poco, podía ir progresando. La clave era no perder de vista el objetivo a largo plazo y celebrar las pequeñas victorias del camino.

Para Sarah, tener un objetivo concreto marcó la diferencia. En lugar de decir vagamente: "Tenemos que ahorrar para emergencias", ella y David sabían exactamente cuánto querían ahorrar y para cuándo. Este sentido del propósito les dio la motivación necesaria para seguir por el buen camino, incluso cuando surgieron otros retos financieros.

### ¿Por qué es importante un fondo de emergencia?

Más allá del aspecto práctico de tener dinero reservado para los imprevistos de la vida, un fondo de emergencia aporta algo aún más valioso: *tranquilidad*. Sarah descubrió que, a medida que crecía su fondo de emergencia, su ansiedad por el futuro empezaba a desaparecer. Ya no le preocupaba qué pasaría si el coche se estropeaba o si uno de sus hijos enfermaba. El hecho de saber que disponían de un colchón financiero permitió a

Sarah y David centrarse en sus objetivos a largo plazo: ahorrar para la educación de sus hijos, pagar la hipoteca y, finalmente, crear un patrimonio.

En mi propia experiencia, el fondo de emergencia se convirtió en la base de todo lo demás que quería conseguir financieramente. Con esa red de seguridad, pude asumir riesgos más calculados, invertir en oportunidades y planificar el futuro con confianza. Sin el miedo constante a un desastre financiero, tuve la libertad de centrarme en crear valor, crear riqueza y vivir con un propósito.

Cuando disponga de un fondo de emergencia, sentirá un alivio inmediato. Pero más allá de eso, un fondo de emergencia te da opciones. Ya no estás atrapado en el ciclo de depender de las tarjetas de crédito o de los préstamos de día de pago cuando las cosas van mal. Tienes la libertad de tomar mejores decisiones, ya sea hacer frente a un gasto inesperado sin endeudarte o ausentarte del trabajo para cuidar a un familiar enfermo sin preocuparte por cómo pagarás las facturas.

La Biblia subraya la importancia de la preparación y la planificación prudente. Proverbios 22:3 nos dice: "*El prudente ve el peligro y se refugia, pero los inexpertos siguen adelante y sufren las consecuencias*". Tener un fondo de emergencia es como refugiarse: es una forma de protegerse de las inevitables tormentas de la vida.

### La perspectiva de Sarah: Preparar el futuro de su familia

Con su fondo de emergencia, Sarah y David pudieron pensar más allá de sus necesidades financieras inmediatas. Empezaron a planificar el futuro de sus hijos, abriendo cuentas de ahorro para la universidad e incluso pensando en cómo invertir para la jubilación. Pero nada de esto habría sido posible sin la estabilidad de su fondo de emergencia.

Para Sarah, esta sensación de seguridad cambió su forma de enfocar el dinero. Ya no tomaba decisiones por miedo o escasez. En lugar de eso, pudo planificar el futuro con confianza, sabiendo que tenían un colchón para hacer frente a los imprevistos de la vida.

Este cambio fue transformador. A medida que la ansiedad de Sarah por las emergencias financieras fue desapareciendo, pudo disfrutar más de la vida. La preocupación constante por el dinero que la había atormentado durante años desapareció y fue sustituida por una sensación de paz y autonomía.

### Lección clave: La libertad financiera empieza con un colchón

La lección clave para Sarah -y para todos nosotros- *es que la libertad financiera empieza con un colchón*. Un fondo para emergencias no es sólo un detalle; es una parte esencial de la construcción de la seguridad financiera. Te permite hacer frente a las sorpresas de la vida sin descarrilar tu progreso, y te da la confianza para perseguir tus objetivos financieros más importantes.

Tanto en la historia de Sarah como en la mía, la creación de un fondo de emergencia fue un punto de inflexión. Nos dio la tranquilidad que necesitábamos para dejar de preocuparnos por lo desconocido y empezar a centrarnos en crear una vida de propósito y abundancia.

A medida que avanza en su propio viaje financiero, recuerde que prepararse para lo inesperado es una parte fundamental del éxito a largo plazo. Si crea un fondo de emergencia, automatiza sus ahorros y progresa de forma constante, sentará las bases de un futuro seguro y próspero.

En el próximo capítulo, exploraremos cómo ahorrar con un propósito y automatizar su futuro financiero pueden ayudarle a llevar su estrategia financiera al siguiente nivel. Con una base sólida, estarás listo para empezar a construir la riqueza y la libertad que siempre has soñado.

# Capítulo 9

# Ahorrar con propósito, automatizar su futuro

Ahorrar dinero no consiste sólo en tener un saldo importante en la cuenta. Se trata de crear oportunidades para ti y para tu familia, de darte la libertad de tomar decisiones basadas en lo que es mejor para ti, no sólo en lo que es más barato o más urgente. Ahorrar con un propósito significa alinear tus objetivos financieros con la vida que quieres crear.

Ahorrar con un propósito es cuestión de diligencia, de crear un plan que dé trabajo a cada dólar. Cuando sabes para qué estás ahorrando, es mucho más fácil mantener el compromiso porque estás trabajando para algo que realmente te importa.

Una vez que Sarah y David establecieron su fondo de emergencia, se quitaron un peso de encima. Por primera vez, disponían de un colchón financiero, algo que les daba la tranquilidad de saber que, pasara lo que pasara, tenían un colchón. Pero la creación de ese fondo no era el final de su viaje, sino sólo el principio. Ahora, Sarah y David tenían que pensar más allá de la seguridad inmediata y empezar a planificar el futuro de su familia.

Sarah siempre había creído en la importancia del ahorro, pero, como mucha gente, ella y David solían echar mano de sus ahorros cada vez que surgía un gasto inesperado. Ahora que tenían su fondo de emergencia, estaban listos para empezar a ahorrar con un *propósito, no* sólo para los días de lluvia, sino para los objetivos financieros a largo plazo que más les importaban. Ahorrar para la jubilación, la educación de sus hijos y la libertad de dar generosamente se convirtió en su nuevo objetivo.

No hace mucho me encontré en una situación parecida. Después de años luchando por ahorrar y utilizando esos ahorros para cubrir emergencias, me di cuenta de que necesitaba un enfoque más estructurado. Necesitaba ahorrar con *un propósito* y, lo que es más importante, necesitaba un sistema que me garantizara que no tenía que pensar constantemente adónde iba mi dinero. Automatizar mis ahorros e inversiones fue el cambio que me ayudó a construir una seguridad financiera duradera, y es la misma estrategia que transformó las perspectivas financieras de Sarah y David.

## El poder de ahorrar con un propósito

La historia de Sarah refleja la experiencia de muchas personas que trabajan duro, pero sin una hoja de ruta clara para su futuro financiero. En el pasado, Sarah y David ahorraban un poco aquí y allá, pero sin objetivos claros, a menudo tenían la sensación de no estar haciendo progresos significativos.

Querían ahorrar para la educación universitaria de sus hijos, para su jubilación e incluso para cosas como las vacaciones familiares y mejoras en el hogar. Pero era difícil saber por dónde empezar.

Sarah aprendió que ahorrar con un propósito requiere **claridad:** saber *por qué* se ahorra y para qué se ahorra. Cada objetivo debía ser específico, ya fuera ahorrar una cantidad concreta para la matrícula universitaria o acumular unos ahorros para la jubilación que les permitieran vivir cómodamente en sus últimos años. Esta especificidad centró sus esfuerzos de ahorro y les ayudó a evitar la tentación de gastar impulsivamente.

En mi propio viaje financiero, este cambio hacia el ahorro con propósito se produjo cuando me di cuenta de que no estaba ahorrando sólo para tener más dinero, sino para tener libertad. Quería la libertad de jubilarme pronto, de ayudar económicamente a mis hijos y de donar generosamente a las causas en las que creía. Ahorrar con un propósito me dio la motivación para mantener la disciplina y tomar decisiones que respaldaran mis objetivos a largo plazo.

Sarah y David empezaron por fijar sus prioridades: querían ahorrar para la educación de sus hijos, constituir un fondo de jubilación y empezar a ahorrar para reformar su casa. Al tener claro lo que querían conseguir, crearon una hoja de ruta para saber cuánto necesitaban ahorrar y cuánto tardarían en alcanzar sus objetivos. Cada vez que ahorraban, no se trataba sólo de apartar dinero, sino de acercarse un paso más a esos sueños.

**Establecer objetivos financieros claros: A corto, medio y largo plazo**

Para ahorrar con un propósito, hay que fijarse objetivos financieros claros. Estos objetivos actúan como una hoja de ruta, guiando tus decisiones de ahorro y ayudándote a mantener el rumbo. Piénsalo así: si ahorras sin un motivo concreto, es fácil echar mano de ese dinero cuando surge algo. Pero cuando ahorras para un objetivo concreto, cada dólar que apartas tiene una misión, y es menos probable que lo gastes impulsivamente.

Hay tres tipos de objetivos financieros a tener en cuenta:

**1. Objetivos a corto plazo (0-3 años)**

Los objetivos a corto plazo son cosas que quieres conseguir en un futuro próximo. En el caso de Sarah, podría tratarse de crear un fondo de emergencia o ahorrar para unas vacaciones. Los objetivos a corto plazo suelen requerir un acceso fácil al dinero, por lo que estos fondos suelen guardarse en una cuenta de ahorro de alto rendimiento o en una cuenta del mercado monetario.

Tener objetivos a corto plazo ayuda a crear impulso, ya que son más fáciles de alcanzar y pueden darle la satisfacción de lograr algo tangible en un periodo relativamente corto. Estas pequeñas victorias pueden generar confianza y alimentar tu motivación para abordar objetivos mayores.

**2. Objetivos a medio plazo (3-10 años)**

Los objetivos a medio plazo son los planes para los próximos años. En el caso de Sara y David, podría tratarse de ahorrar para la educación de sus hijos o para renovar la casa. Dado que estos objetivos están un poco más lejos, puedes plantearte invertir parte de este dinero en opciones de crecimiento estable y bajo riesgo que ofrezcan mayores rendimientos que una cuenta de ahorro típica, pero que no sean tan volátiles como las acciones.

Aquí es donde entran en juego la disciplina y la coherencia. Proverbios 13:16 nos dice: *"El sabio piensa en el futuro; el necio no, ¡y hasta presume de ello!"*. Al planificar objetivos a medio plazo, estás pensando en el futuro, anticipándote a las necesidades y preparándote para el éxito.

**3. Objetivos a largo plazo (más de 10 años)**

Los objetivos a largo plazo incluyen cosas como la jubilación, el pago de la hipoteca o dejar un legado a sus hijos. Estos objetivos requieren paciencia y el compromiso de ahorrar de forma constante a lo largo del tiempo. El poder del interés compuesto desempeña un papel importante en el crecimiento de sus ahorros a largo plazo, como hemos visto en los capítulos anteriores.

Ahorrar para la jubilación es especialmente importante para Sarah y David. Sin una planificación cuidadosa, podrían encontrarse desprevenidos para el futuro. Establecer cuentas de jubilación les permite beneficiarse de ventajas fiscales mientras ahorran a largo plazo.

**Automatice su futuro financiero: Hágalo sin esfuerzo**

Una de las lecciones más valiosas que aprendí, y que Sarah y David también adoptaron, fue el poder de la **automatización**. Vivimos en un mundo ajetreado y es fácil dejar de lado el ahorro o la inversión cuando la vida se vuelve frenética. Pero si automatizas tus finanzas, te aseguras de que tus objetivos financieros se cumplen constantemente, incluso cuando no estás pensando activamente en ellos.

Cuando automatizas tus ahorros, eliminas las conjeturas de la ecuación. No tienes que preocuparte de si te acordarás de transferir dinero a tu cuenta de ahorro o de si tendrás la tentación de gastarlo en otra cosa, porque se hace automáticamente.

La verdad es sencilla: tendemos a gastar lo que tenemos a mano. Si el dinero está en su cuenta corriente, es demasiado fácil utilizarlo para cosas que no tenía previstas. Automatizar tus ahorros garantiza que una parte de tus ingresos se transfiera directamente a tu cuenta de ahorro o de inversión antes incluso de que los veas. De este modo, darás prioridad a tus objetivos sin tener que depender únicamente de tu fuerza de voluntad.

Piense en la automatización como una aplicación moderna de Proverbios 6:8, que alaba a la hormiga por prepararse durante el verano para tener comida para el invierno. Cuando automatizas tus ahorros, te preparas para el futuro sin pensar constantemente en ello. Se trata de un sistema de "configúralo y olvídate" que garantiza el progreso incluso cuando la vida se complica o surgen gastos inesperados.

Para Sarah y David, la automatización supuso un cambio radical. Establecieron transferencias automáticas a distintas cuentas de ahorro, cada una destinada a un fin específico. Una parte de sus ingresos se destinaba automáticamente a su fondo de jubilación, otra al fondo para la educación de sus hijos y otra a su cuenta de ahorro general para futuras mejoras en la vivienda. Al automatizar estas transferencias, no tenían que tomar conscientemente la decisión de ahorrar cada mes, sino que simplemente lo hacían.

En mi propia experiencia, automatizar mis ahorros e inversiones transformó la forma en que gestionaba mi dinero. Al igual que Sarah y David, tenía varios objetivos financieros, pero a menudo me resultaba difícil hacer un seguimiento de todo. Una vez que automaticé las transferencias, ahorrar se convirtió en un juego de niños. No tenía que pensar en ello, ni preocuparme por los olvidos o las postergaciones. Cada vez que cobraba, una parte de mis ingresos se ahorraba o invertía automáticamente, lo que me permitía mantener el rumbo hacia mis objetivos a largo plazo.

Esta idea de *pagarse a uno mismo primero* mediante la automatización es un principio fundamental de las finanzas personales. Cuando automatizas tus ahorros, te aseguras de que estás cuidando de tu futuro antes de gastar en cualquier otra cosa. ¿Y lo mejor? No tienes que depender de la fuerza de voluntad ni de la disciplina: la automatización se encarga de ello por ti.

## Paso a paso: Automatización del ahorro

### 1. Páguese primero a sí mismo

Una de las reglas de oro del ahorro es "pagarse a uno mismo primero". Esto significa que antes de pagar facturas o gastar dinero en artículos discrecionales, destine una parte de sus ingresos a sus objetivos de ahorro. La forma más fácil de hacerlo es establecer transferencias automáticas directamente de su nómina o cuenta corriente a sus cuentas de ahorro o inversión.

Para Sara y David, esto podría significar establecer un reparto de depósitos directos, en el que un porcentaje de sus nóminas se destine directamente a su fondo de emergencia, sus cuentas de jubilación o el fondo para la educación de sus hijos. De este modo, ahorrar se convierte en una prioridad, no en una ocurrencia tardía.

### 2. Elija dónde guardar

Una vez que haya decidido cuánto quiere ahorrar cada mes, el siguiente paso es determinar dónde guardarlo. Para objetivos a corto plazo, le conviene tener el dinero fácilmente accesible en una cuenta de ahorro o del mercado monetario. Para objetivos a medio y largo plazo, considera la posibilidad de invertir en cuentas con ventajas fiscales, como las cuentas previsionales, que permiten que tus ahorros crezcan con el tiempo.

### 3. Aumentar las cotizaciones a lo largo del tiempo

A medida que progreses en tu carrera o vayas saldando deudas, es probable que dispongas de más dinero para ahorrar. Acostúmbrese a aumentar sus aportaciones al ahorro cada vez que reciba un aumento de sueldo o una gratificación. Aumentando sistemáticamente la cantidad que ahorras, acumularás riqueza más rápidamente sin que tu presupuesto diario se resienta.

### El plan de Sarah para el futuro

El plan de ahorro automatizado de Sarah y David empezó con sus prioridades inmediatas, pero pronto lo ampliaron para incluir inversiones a largo plazo. Empezaron a hacer aportaciones a cuentas de jubilación, que habían estado posponiendo durante años. Al automatizar sus aportaciones para la jubilación, ya no tenían que preocuparse de si estaban ahorrando lo suficiente: cada mes sabían que una parte de sus ingresos se invertía para su futuro.

La educación de sus hijos era otro objetivo importante. Sarah y David querían asegurarse de que sus hijos tuvieran la oportunidad de ir a la universidad sin tener que asumir enormes préstamos estudiantiles. Crearon un fondo de ahorro para la universidad y empezaron a hacer aportaciones automáticas. Saber que estaban ahorrando dinero constantemente para este objetivo tranquilizó a Sarah, que ya no tenía que preocuparse por cómo podrían pagar la matrícula cuando llegara el momento.

Para mí, la automatización se convirtió en una parte fundamental de mi estrategia de creación de riqueza. Tras años ahorrando e invirtiendo manualmente, me di cuenta de que las personas con más éxito no confiaban en su fuerza de voluntad para tomar decisiones financieras, sino que las automatizaban. Al aprovechar las transferencias y aportaciones automáticas, pude eliminar el proceso de toma de decisiones emocionales de mis finanzas. No importaba si me apetecía ahorrar ese mes: el dinero se transfería automáticamente a mis cuentas, manteniéndome en el buen camino hacia mis objetivos.

### Mantener la constancia y celebrar los logros

Uno de los retos del ahorro a largo plazo es que los resultados no siempre son inmediatos. Para Sarah y David, la idea de ahorrar para la jubilación, para la que aún faltaban décadas, o para la matrícula universitaria de sus hijos, para la que aún faltaban años, a veces resultaba abstracta. Era fácil preguntarse si sus esfuerzos estaban cambiando realmente las cosas.

Para mantener la motivación, empezaron a celebrar pequeños hitos a lo largo del camino. Cuando alcanzaron sus primeros 1.000 dólares en el fondo para la universidad, se tomaron un momento para reflexionar sobre el progreso que habían hecho. Cuando alcanzaron la mitad de su objetivo de ahorro para mejoras en el hogar, lo celebraron con una sencilla cena familiar. Estos hitos les recordaron que incluso los esfuerzos pequeños y constantes conducen a un progreso significativo con el tiempo.

Yo también descubrí que celebrar los hitos financieros era clave para mantener la motivación. Ya fuera alcanzar una determinada cantidad en mi fondo de jubilación o saldar una deuda, estos momentos de reconocimiento me ayudaban a centrarme en el panorama general. Cada hito no era sólo un número, era un paso más hacia la libertad financiera y los objetivos que me había fijado para mí y mi familia.

### El ahorro como práctica espiritual

Para Sarah, el acto de ahorrar con un propósito no era sólo un ejercicio financiero, sino que se convirtió en una práctica espiritual. Comenzó a ver sus ahorros como una forma de *mayordomía,* una manera de administrar responsablemente los recursos que Dios le había dado. Proverbios 21:20 ofrece un recordatorio eterno: *"Los sabios acumulan alimentos selectos y aceite de oliva, pero los necios engullen lo suyo".* Sara comprendió que al ahorrar y prepararse para el futuro, estaba honrando su responsabilidad de cuidar de su familia y servir a los demás.

He descubierto que ahorrar con un propósito está profundamente alineado con la idea de la administración. No se trata de acumular riqueza o de centrarse únicamente en el beneficio material, sino de gestionar tus recursos con prudencia para que puedas mantener a tu familia, contribuir a tu comunidad y dar generosamente a los necesitados. Cuando ahorras con un propósito claro, no sólo creas riqueza, sino que construyes un legado.

**Lección clave: Ahorrar con constancia y determinación transforma tu futuro**

La lección clave para Sarah -y para todos nosotros- es *que ahorrar con un propósito y automatizar su futuro financiero* es una estrategia poderosa para crear riqueza y seguridad a largo plazo. No basta con ahorrar esporádicamente o esperar que las cosas salgan bien. Al establecer objetivos claros, automatizar tus ahorros y celebrar los hitos del camino, creas un sistema que garantiza un progreso constante hacia tus sueños financieros.

Tanto en el caso de Sarah como en el mío, ahorrar con un propósito transformó nuestra forma de ver el dinero. Ya no nos afanábamos por averiguar adónde debía ir nuestro dinero ni nos preocupábamos por si estábamos ahorrando lo suficiente. Con un plan claro y sistemas automatizados, pudimos centrarnos en lo que realmente importaba: construir un futuro seguro para nuestras familias y crear una vida acorde con nuestros valores.

A medida que avanza, recuerde que ahorrar no consiste sólo en apartar dinero, sino en hacerlo con intención y propósito. Si automatizas tus finanzas y eres constante, estarás en el buen camino para alcanzar la libertad financiera con la que siempre has soñado.

En el próximo capítulo, exploraremos el mundo de la inversión: cómo tomar sus ahorros y ponerlos a trabajar, haciendo crecer su riqueza con el tiempo mientras se mantiene alineado con sus valores y objetivos. Con una base sólida, estará listo para dar el siguiente paso hacia la construcción de una seguridad financiera duradera.

# Parte V: Invertir con inteligencia

En esta sección, aprenderá *a invertir de forma inteligente* para construir una seguridad financiera a largo plazo. Invertir no es sólo hacer crecer la riqueza; se trata de tomar decisiones intencionales que reflejen tus valores y te preparen para el futuro. Proverbios 13:22 enseña: *"El bueno deja herencia a los hijos de sus hijos, pero las riquezas del pecador se acumulan para el justo"*. Este versículo nos recuerda la importancia de planificar el futuro, no sólo para nosotros, sino para las generaciones futuras.

Al principio, Sarah y David tenían dudas sobre la inversión, pues temían los riesgos y la incertidumbre. Pero a medida que se informaban, comprendieron que invertir con inteligencia era esencial para asegurar el futuro de su familia. A través de pequeños pasos coherentes, empezaron a construir una cartera de inversiones acorde con sus objetivos y valores a largo plazo.

En esta sección, descubrirá los principios básicos de la inversión inteligente. Le guiaremos a través de la diversificación de sus inversiones, la comprensión del riesgo y la recompensa, y la garantía de que su dinero trabaje para usted a lo largo del tiempo. También aprenderá a alinear sus inversiones con sus valores éticos y espirituales, para que pueda crear riqueza con integridad y propósito. Invertir con prudencia no es ganar dinero rápidamente o especular, sino crecer de forma reflexiva y constante para alcanzar la libertad y la seguridad financieras en los años venideros.

# Capítulo 10

# La inversión como herramienta de creación de valor

Ahorrar dinero sienta las bases de la seguridad financiera, pero si quieres crear riqueza y tener un impacto duradero, tienes que ir más allá del ahorro: tienes que *invertir*. Invertir es poner tu dinero a trabajar, para que crezca y se multiplique con el tiempo. Pero aquí es donde se produce el cambio de mentalidad: invertir no es sólo una cuestión de beneficio personal. Se trata de utilizar tu riqueza para crear valor en el mundo. Es una herramienta que, bien utilizada, puede beneficiarte no sólo a ti y a tu familia, sino también a la comunidad en general.

A estas alturas, Sarah y David habían avanzado mucho en su viaje financiero. Habían creado un fondo de emergencia, habían automatizado sus ahorros y habían aprendido a gastar con intención. Ya no vivían al día y, por primera vez en años, tenían una sensación de control financiero. Pero aún había un aspecto que les intimidaba: la *inversión*.

Muchas personas, incluida Sarah, han tenido problemas con la idea de invertir porque puede parecer que se trata de obtener beneficios personales. Pero he aquí una distinción importante: invertir no es cuestión de codicia. *Se trata de administrar.* Se trata de aprovechar al máximo lo que tienes para que puedas mantenerte a ti mismo, a tu familia y a las causas que te importan.

Cuando inviertes sabiamente, te aseguras de que tus recursos crezcan con el tiempo, permitiéndote hacer más bien en el mundo. En 2 Corintios 9:10-11 se nos recuerda: *"El que suministra la semilla al sembrador y el pan para comer, también suministrará y aumentará vuestra reserva de semilla y ensanchará la cosecha de vuestra justicia"*. Al igual que un agricultor siembra semillas para que crezca una cosecha, nosotros invertimos nuestro dinero para que crezcan nuestros recursos, que luego pueden utilizarse para promover la obra de Dios.

Sarah había oído hablar de la importancia de invertir, pero nunca había entendido realmente cómo funcionaba o por dónde empezar. Como a mucha gente, le preocupaban los riesgos. David y ella habían trabajado mucho para crear estabilidad, ¿y si lo perdían todo por hacer una mala inversión?

Recuerdo haber sentido lo mismo. Al principio de mi andadura financiera, la idea de invertir me parecía como adentrarme en territorio desconocido. Me parecía arriesgado y complejo. Había ahorrado con diligencia, pero la idea de invertir mi dinero en algo que no entendía del todo me hacía dudar. Pero lo que llegué a comprender -y lo que Sarah no tardó en aprender- es que invertir no es sólo cuestión de riesgo, sino de *crear valor a* lo largo del tiempo.

La diferencia entre ahorrar e invertir es que el ahorro protege lo que ya tienes, mientras que la inversión aumenta tu riqueza haciendo que tu dinero trabaje para ti. Cuando se aborda con cuidado, la inversión se convierte en una de las herramientas más poderosas para crear libertad y seguridad financiera a largo plazo.

**Invertir no es sólo riqueza, sino crecimiento**

Uno de los cambios clave que Sarah introdujo en su mentalidad fue ver la inversión no como una apuesta, sino como una forma de *crear valor, tanto* para su familia como para el mundo. Durante demasiado tiempo, Sarah había creído que invertir era sólo cosa de ricos o de personas con amplios conocimientos financieros. Pero cuando ella y David empezaron a profundizar en el concepto, se dieron cuenta de que invertir era simplemente una forma de poner su dinero a trabajar, permitiéndole crecer con el tiempo.

La Biblia ofrece una poderosa lección sobre la inversión en la Parábola de los Talentos (Mateo 25:14-30). En esta historia, su amo confía a tres siervos diferentes sumas de dinero. Dos de los siervos invierten el dinero y lo duplican, mientras que el tercero, por miedo, entierra su parte en la tierra. Cuando el amo regresa, elogia a los dos que multiplicaron sus riquezas, pero reprende al que jugó sobre seguro y no hizo nada con lo que se le había dado.

Sarah siempre se había relacionado con ese tercer sirviente. Se había centrado tanto en proteger lo poco que tenían que había perdido oportunidades de hacerlo crecer. Pero ahora, con una mejor comprensión de la administración financiera, se dio cuenta de que invertir no era sólo ganar más dinero, sino honrar los recursos que ella y David habían recibido y ponerlos a trabajar para un propósito mayor.

Yo también tuve que superar este miedo al principio de mi andadura inversora. Como crecí en un hogar en el que el dinero escaseaba, la idea de arriesgar parte de mis ahorros me parecía temeraria. Pero cuando empecé a aprender más, me di cuenta de que la inversión inteligente es uno de los caminos más fiables hacia el crecimiento financiero. El objetivo no es asumir riesgos innecesarios, sino aumentar *estratégicamente* el patrimonio a lo largo del tiempo, asegurándose de que su dinero trabaje tan duro como usted.

### Los primeros pasos de Sarah: Comprender el riesgo y la recompensa

Cuando Sarah y David decidieron empezar a invertir, dieron el primer paso fundamental: *la educación*. Ninguno de los dos había crecido en hogares donde se hablara de invertir y, como muchos, habían oído consejos contradictorios. Algunos decían que invertir era arriesgado y que había que evitarlo. Otros afirmaban que era la única forma de salir adelante financieramente.

La verdad se encuentra en algún punto intermedio. Toda inversión conlleva un riesgo, pero no todos los riesgos son iguales. La clave está en entender en qué se invierte y tomar decisiones que se ajusten a los objetivos financieros, la tolerancia al riesgo y el calendario de cada uno.

Para Sarah, esto significaba empezar poco a poco. En lugar de lanzarse de cabeza a complejos vehículos de inversión, ella y David empezaron invirtiendo en activos sencillos y fáciles de entender, como los fondos indexados. Aprendieron que estos fondos reparten su inversión entre muchas empresas diferentes, lo que reduce el riesgo y permite crecer con el tiempo. Al elegir inversiones bien diversificadas y alineadas con sus objetivos a largo plazo, Sarah y David se sintieron más cómodos adentrándose en el mundo de la inversión.

Yo adopté un enfoque similar cuando empecé a invertir. No buscaba una ganancia rápida ni intentaba "batir al mercado", sólo quería que mi dinero creciera de forma constante y fiable. Al igual que Sarah, descubrí que los fondos indexados y los ETF (fondos cotizados en bolsa) eran una forma estupenda de empezar. Me permitían invertir en una amplia gama de activos, minimizando el riesgo y ofreciendo al mismo tiempo oportunidades de crecimiento.

### El poder del crecimiento compuesto

Uno de los aspectos más poderosos de la inversión que Sarah y David descubrieron fue el concepto de *crecimiento compuesto*. Aquí es donde la inversión se convierte en algo verdaderamente transformador. A diferencia del ahorro, en el que ganas intereses o rendimientos sobre el dinero que has apartado, el crecimiento compuesto te permite ganar *rendimientos sobre tus rendimientos*. En otras palabras, a medida que crecen tus inversiones, los propios rendimientos empiezan a generar ingresos adicionales.

Este crecimiento exponencial es una de las razones por las que empezar pronto, incluso con pequeñas cantidades, puede conducir a una riqueza significativa con el tiempo. Sarah se quedó asombrada cuando vio cómo el crecimiento compuesto podía funcionar para ellos. Incluso unas inversiones pequeñas y constantes a lo largo de muchos años podrían convertirse en unos ahorros considerables para la jubilación, lo que les permitiría alcanzar la libertad financiera sin el estrés de tener que trabajar hasta una edad avanzada.

La Biblia ofrece sabiduría sobre el principio del crecimiento constante y a largo plazo. Proverbios 13:11 nos recuerda: "*El dinero deshonesto se agota, pero quien reúne dinero poco a poco lo hace crecer*". Sara y David se tomaron esto muy a pecho, dándose cuenta de que la riqueza construida lenta e intencionadamente era mucho más segura que intentar perseguir ganancias rápidas.

En mi propio viaje, tuve que aprender a tener paciencia con las inversiones. Al principio, puede parecer que tu dinero no crece lo bastante rápido. Pero con el tiempo, al ver los efectos del crecimiento compuesto, me di cuenta de que invertir no consiste en hacerse rico de la noche a la mañana, sino en construir seguridad y libertad a largo plazo. Cuanto antes empiece y más constante sea, mayor será la recompensa.

### Diversificación

La diversificación consiste en distribuir las inversiones entre distintos tipos de activos para reducir el riesgo. Como aconseja el Eclesiastés 11:2: "*Comparte lo que tienes con siete, o hasta con ocho, pues no sabes que desastre sucederá en la tierra*". Al diversificar, te proteges de los altibajos de cualquier inversión. Esto podría significar invertir en una combinación de acciones, bonos, bienes inmuebles y otros activos.

### Tiempo en el mercado

Uno de los mayores errores que cometen los inversores es intentar cronometrar el mercado: compran cuando creen que los precios están bajos y venden cuando creen que están altos. La verdad es que ni siquiera los expertos pueden predecir el mercado con certeza. La mejor estrategia es invertir a largo plazo. A lo largo del tiempo, el mercado de valores ha tendido históricamente al alza, a pesar de la volatilidad a corto plazo.

Proverbios 21:5 nos recuerda: "*Los planes del diligente conducen a la ganancia tan ciertamente como la prisa conduce a la pobreza*". Invertir es cuestión de paciencia y diligencia, no de entrar y salir precipitadamente del mercado en función de las fluctuaciones a corto plazo.

### Alinear sus inversiones con sus valores

Para Sarah, una de las lecciones más importantes de la inversión fue darse cuenta de que sus inversiones podían reflejar sus valores personales y espirituales. Como a muchas personas de fe, a Sarah le preocupaba que la inversión fuera intrínsecamente egoísta, centrada únicamente en el beneficio material. Pero a medida que aprendía más, descubrió que podía alinear sus inversiones con sus valores, tomando decisiones que no sólo aumentaban su riqueza, sino que también contribuían al bienestar de los demás.

David también encontró sentido a este enfoque. Empezaron a interesarse por la inversión socialmente responsable (ISR) y los fondos medioambientales, sociales y de gobernanza, inversiones centradas en empresas que promueven la sostenibilidad, las prácticas empresariales éticas y el impacto social positivo. Al elegir inversiones que se alineaban con sus creencias, Sarah y David se sintieron capacitados para hacer crecer su patrimonio al tiempo que se mantenían fieles a sus valores espirituales y personales.

Me di cuenta de algo parecido en mi propio viaje inversor. Al principio, pensaba que invertir era sólo ganar dinero. Pero con el tiempo me di cuenta de que podía dirigir mi dinero hacia empresas y causas en las que creía. Invertir se convirtió no sólo en una forma de asegurar mi futuro, sino también de influir positivamente en el mundo que me rodeaba.

La Biblia habla de la importancia de utilizar la riqueza para el bien. En 1 Timoteo 6:17-19, se nos recuerda que "*pongan su esperanza en Dios, que nos provee ricamente de todo para nuestro disfrute. Mándales que hagan el bien, que sean ricos en buenas obras, y que sean generosos y estén dispuestos a compartir*". Para Sara y David, invertir se convirtió en una forma de hacer precisamente eso: utilizar su riqueza para crear seguridad personal y un impacto positivo en el mundo.

## La estrategia de la cartera de inversiones de Sarah y David

Una vez que Sarah y David se sintieron más cómodos con la idea de invertir, empezaron a desarrollar una estrategia acorde con sus objetivos. Empezaron por analizar su situación financiera global, considerando cuánto podían invertir de forma realista cada mes, cuánto tiempo les quedaba hasta la jubilación y qué tipo de riesgo se sentían cómodos asumiendo.

Dividieron sus inversiones en diferentes "cubos" en función de sus necesidades y plazos. Para sus objetivos a corto plazo, como ahorrar para mejoras en el hogar o unas vacaciones familiares, mantuvieron sus inversiones en opciones de bajo riesgo, como bonos o cuentas de ahorro. Para sus objetivos a largo plazo, como la jubilación, estaban dispuestos a asumir más riesgos invirtiendo en acciones y fondos indexados, sabiendo que las subidas y bajadas del mercado se equilibrarían a lo largo de los años.

En mi propio viaje inversor, descubrí que esta estrategia de cubo funcionaba bien para gestionar el riesgo y, al mismo tiempo, permitir el crecimiento. Al dividir tus inversiones en diferentes categorías en función de tus objetivos y plazos, te aseguras de no poner todos los huevos en la misma cesta. Te permite invertir con confianza, sabiendo que has tenido en cuenta tanto las necesidades a corto plazo como la seguridad a largo plazo.

## Pasos prácticos para empezar a invertir

Empezar a invertir puede parecer abrumador, pero la clave es empezar poco a poco e ir creciendo a partir de ahí. Aquí tienes algunos pasos prácticos que Sarah, David y tú podéis dar para empezar a invertir con inteligencia:

### 1. Establecer objetivos de inversión claros

Antes de empezar a invertir, tómese su tiempo para fijar unos objetivos claros. ¿Para qué quiere invertir? ¿Para la jubilación, la educación de sus hijos o una futura vivienda? Tener unos objetivos claros le ayudará a orientar su estrategia de inversión.

### 2. Comience con fondos indexados de bajo coste

Una de las formas más sencillas y rentables de empezar a invertir son los fondos indexados de bajo coste. Estos fondos siguen la evolución de un índice bursátil, como el S&P 500, y proporcionan una amplia diversificación a bajo coste. Para los principiantes, es una forma excelente de exponerse al mercado bursátil sin necesidad de elegir valores individuales.

### 3. Automatice sus inversiones

Al igual que automatizamos los ahorros en capítulos anteriores, automatizar las inversiones garantiza la constancia. Establezca transferencias automáticas de su nómina o cuenta bancaria a sus cuentas de inversión cada mes. De este modo, no tendrás que pensar en ello y tus inversiones crecerán de forma constante a lo largo del tiempo.

**4. Mantener el rumbo**

Invertir es una estrategia a largo plazo. Habrá altibajos en el mercado, pero la clave es mantener el rumbo. No se deje llevar por el pánico durante las caídas del mercado y resista la tentación de vender sus inversiones basándose en noticias a corto plazo. Recuerde que la inversión consiste en acumular riqueza a lo largo de décadas, no de semanas o meses.

**Lección clave: Invertir es una herramienta para crear valor**

La lección clave que Sarah y David aprendieron -y que yo he adoptado a lo largo de mi trayectoria financiera- es que *invertir es una herramienta para crear valor*, no sólo para acumular riqueza. Si se hace con prudencia, la inversión te permite hacer crecer tu dinero, asegurar el futuro de tu familia y contribuir al bienestar de los demás. Se trata de poner tus recursos a trabajar de una manera que refleje tus valores y sirva a un propósito más elevado.

Para Sarah y David, invertir ya no era algo que temer: se convirtió en una forma de tomar el control de su futuro financiero, crear seguridad para sus hijos y construir un legado que iba más allá del dinero. Aprendieron que si empezaban poco a poco, se formaban y alineaban sus inversiones con sus creencias, podrían progresar de forma constante y consistente hacia la libertad financiera.

Invertir no es sólo una estrategia financiera: es una forma de multiplicar los recursos que Dios te ha confiado. Se trata de utilizar tu dinero como una herramienta para crear valor, tanto para ti como para el mundo que te rodea. Cuando se hace de manera sabia y ética, la inversión puede ser una poderosa fuerza para el bien, permitiéndote hacer crecer tu riqueza mientras te alineas con tus valores espirituales.

A medida que avanza en su propio viaje financiero, recuerde que invertir no consiste en asumir riesgos innecesarios, sino en tomar decisiones informadas que se ajusten a sus objetivos. Al invertir con intención y propósito, no solo aumentará su patrimonio, sino que creará un valor que irá mucho más allá de usted mismo.

En el próximo capítulo, exploraremos los principios de la inversión ética y sostenible: cómo puede asegurarse de que sus inversiones se alinean con sus valores sin dejar de crear riqueza a largo plazo. Con una base sólida, estará listo para dar los siguientes pasos hacia un futuro financieramente seguro y con un propósito.

# Capítulo 11

# Inversión sostenible y ética

Crear riqueza mediante la inversión es una de las formas más eficaces de asegurar la libertad financiera y crear oportunidades para el futuro. Pero a medida que aumentamos nuestros recursos, también nos enfrentamos a una cuestión importante: ¿Cómo nos aseguramos de que nuestras inversiones están en consonancia con nuestros valores espirituales y éticos? Una cosa es invertir para obtener beneficios económicos, y otra es hacerlo de forma que refleje nuestro compromiso con la integridad, la sostenibilidad y el impacto positivo en el mundo.

En la Biblia se nos llama a ser buenos administradores de los recursos que se nos han dado. Esta responsabilidad se extiende no sólo a cómo usamos nuestro dinero, sino también a cómo lo invertimos. Proverbios 16:8 nos dice: "*Más vale poco con justicia que mucha ganancia con injusticia*". En el contexto de la inversión, esto significa que los beneficios financieros por sí solos no son suficientes: nuestras inversiones deben contribuir al bienestar de los demás y del planeta.

Cuando Sarah y David crearon su fondo de emergencia y empezaron a hacer aportaciones constantes a sus inversiones, se sintieron fortalecidos. La niebla de la incertidumbre financiera se había disipado y estaban entusiasmados con su futuro. Sin embargo, a medida que se adentraban en el mundo de la inversión, les surgía una duda: *¿Podemos invertir de un modo que esté en consonancia con nuestros valores?*

Sarah, como muchas personas de fe, había crecido con la creencia de que la riqueza era una herramienta destinada al bien. No quería invertir por el mero hecho de acumular más, sino que sus inversiones reflejaran sus valores espirituales y éticos. Si iban a invertir su dinero en empresas, ¿no deberían éstas contribuir positivamente a la sociedad y al medio ambiente?

Esta pregunta también resonó profundamente en mí. Al principio de mi trayectoria financiera, consideraba la inversión como una mera forma de aumentar el patrimonio. Pero con el tiempo, me di cuenta de que el lugar que elegimos para invertir dice algo sobre aquello en lo que creemos. El dinero no es neutro: puede ser una fuerza para el cambio positivo cuando se dirige intencionadamente. Al igual que Sarah, empecé a ver la inversión no sólo como una oportunidad para acumular riqueza, sino también como una forma de apoyar causas y empresas afines a mis principios.

### El auge de la inversión ética y sostenible

La inversión sostenible y ética ha crecido significativamente en los últimos años, a medida que más personas han comenzado a considerar no sólo los rendimientos financieros de sus inversiones, sino también su impacto más amplio. A Sarah le encantó descubrir que invertir no tenía por qué suponer un compromiso moral: podía aumentar su patrimonio y apoyar al mismo tiempo a empresas que marcan una diferencia positiva.

*Pero, ¿qué significa realmente inversión ética?*

La inversión ética, también conocida como inversión socialmente responsable (ISR), consiste en elegir inversiones basadas en valores morales y éticos. Para Sarah, esto significaba buscar empresas que trataran bien a sus empleados, respetaran el medio ambiente y actuaran con integridad. Se sintió especialmente atraída por los fondos medioambientales, sociales y de gobernanza (ESG), que se centran en empresas que cumplen determinadas normas éticas en estas tres áreas clave.

A David también le intrigaba la idea. Al principio le preocupaba que invertir éticamente supusiera sacrificar la rentabilidad. Había oído decir que los fondos socialmente responsables no funcionaban tan bien como los tradicionales. Pero a medida que investigaban, Sarah y David se sintieron alentados al saber que las inversiones éticas suelen rendir tanto o más que sus homólogas menos concienciadas. Hoy en día, muchos inversores se sienten atraídos por empresas con una gobernanza sólida y prácticas sostenibles, ya que suelen estar mejor posicionadas para tener éxito a largo plazo.

Yo experimenté el mismo cambio en mi forma de pensar. Al igual que David, al principio me preocupaba que centrarme en inversiones éticas pudiera limitar mi crecimiento financiero. Pero a medida que exploraba las opciones, me di cuenta de que invertir en empresas con sólidos valores éticos no sólo coincidía con mis creencias personales, sino que también tenía sentido desde el punto de vista financiero. Las empresas que dan prioridad a la sostenibilidad, las prácticas laborales justas y el buen gobierno suelen tener menos riesgos y perspectivas de crecimiento más estables a largo plazo.

**Alinear las inversiones con los valores**

Una de las cosas más importantes que Sarah comprendió fue que la inversión ética no consistía únicamente en evitar empresas perjudiciales, sino en *apoyar activamente a* empresas que tuvieran un impacto positivo. Empezó a considerar su cartera de inversiones como una forma de votar con su dinero, eligiendo empresas que contribuían a causas que le preocupaban, como la sostenibilidad medioambiental y el trato justo de los trabajadores.

Sarah y David empezaron asignando una parte de su cartera a fondos ESG. Eligieron fondos centrados en energías renovables, agricultura sostenible y empresas con sólidas políticas de diversidad e inclusión. Saber que su dinero ayudaba a impulsar el cambio en áreas que les importaban, sin dejar de construir el patrimonio de su familia, les dio poder.

Yo pasé por un proceso similar cuando empecé a invertir teniendo en cuenta mis valores. A medida que investigaba los fondos ASG y otras opciones de inversión ética, me di cuenta de que no tenía que sacrificar la rentabilidad financiera para invertir de una manera que se alineara con mis creencias. De hecho, me sentí bien al saber que mi dinero apoyaba a empresas comprometidas con hacer del mundo un lugar mejor. Invertir se convirtió en algo más que una estrategia financiera: se convirtió en una forma de vivir mis valores.

La Biblia nos recuerda la importancia de utilizar la riqueza para servir a un propósito mayor. En Lucas 16:9, Jesús aconseja: *"Usad las riquezas terrenales para ganaros amigos, a fin de que, cuando se acaben, seáis recibidos en las moradas eternas"*. Para Sara, esto significaba que sus inversiones no se limitaban a crear seguridad para su familia, sino que utilizaba sus recursos para contribuir al bien de los demás.

He aquí algunas estrategias que le ayudarán a tomar decisiones de inversión meditadas y basadas en el valor:

**1. Investigue las empresas en las que invierte**

Antes de invertir en una empresa o un fondo, es esencial entender qué representa esa empresa. ¿Cuáles son sus prácticas medioambientales, sociales y de gobernanza (ASG)? ¿Prioriza la empresa la sostenibilidad, trata a sus empleados con justicia y opera con integridad? ¿O lleva a cabo prácticas que entran en conflicto con sus valores?

Muchas plataformas de inversión ofrecen ahora calificaciones ESG detalladas, que evalúan a las empresas en función de su impacto medioambiental, responsabilidad social y prácticas de gobierno corporativo. Para Sarah, que se preocupa mucho por la sostenibilidad y las prácticas laborales éticas, el uso de estas herramientas puede ayudarla a tomar decisiones informadas sobre dónde invertir su dinero.

**2. Invierta en fondos afines a sus valores**

Una de las formas más sencillas de practicar la inversión ética es invertir en fondos diseñados específicamente teniendo en cuenta los valores. Muchos fondos de inversión y fondos cotizados (ETF) se centran en empresas que cumplen determinados criterios ASG, como bajas emisiones de carbono, prácticas laborales justas o impacto positivo en la comunidad.

Por ejemplo, hay fondos que excluyen a las empresas relacionadas con los combustibles fósiles, el tabaco o las armas, mientras que se centran en empresas que promueven las energías renovables, la salud y la educación. Al elegir este tipo de fondos, Sarah y David pueden invertir en una cartera diversificada que no solo les proporcione rendimientos financieros, sino que también esté en consonancia con su compromiso con la sostenibilidad y la responsabilidad ética.

**3. Evitar las "acciones del pecado"**

Las "acciones del pecado" se refieren a empresas que obtienen beneficios de actividades consideradas perjudiciales o poco éticas, como el tabaco, el juego, el alcohol o las armas de fuego. Para los inversores como Sarah, que quieren asegurarse de que su dinero no apoya a industrias que entran en conflicto con sus valores espirituales, es importante evitar invertir en estos valores.

Evitando las acciones pecaminosas y centrándose en empresas que contribuyen positivamente a la sociedad, Sarah y David pueden asegurarse de que sus inversiones reflejan sus creencias.

### 4. Priorizar la sostenibilidad a largo plazo

La inversión sostenible no consiste sólo en evitar el daño, sino en promover un cambio positivo a largo plazo. Para Sarah y David, esto puede significar invertir en empresas que se centran en las energías renovables, la conservación del agua o el abastecimiento ético de materiales. Estos sectores no sólo coinciden con sus valores, sino que están preparados para crecer a medida que el mundo da cada vez más prioridad a la sostenibilidad.

## Fundamentos bíblicos de la inversión ética

Los principios de la inversión ética están profundamente arraigados en las enseñanzas bíblicas. La Biblia nos llama constantemente a actuar con justicia, amar la misericordia y caminar humildemente (Miqueas 6:8). Cuando invertimos, tenemos la oportunidad de practicar estos valores de forma tangible.

Tomemos, por ejemplo, el concepto de justicia. Isaías 1:17 nos dice: "Aprende a hacer el bien; busca la justicia. Defiende al oprimido". Cuando invertimos en empresas que apoyan prácticas laborales justas y tratan a sus trabajadores con dignidad, estamos contribuyendo a la justicia. Del mismo modo, cuando optamos por evitar las empresas que explotan a las personas o el medio ambiente, estamos alineando nuestras inversiones con la llamada bíblica a cuidar de los demás y de la creación.

La misericordia y la humildad también desempeñan un papel en la inversión ética. Invertir en empresas que cuidan de sus comunidades, que dan prioridad al bienestar de sus trabajadores y que trabajan para reducir su huella medioambiental refleja misericordia y compasión por el mundo que nos rodea.

**La cartera de inversiones de Sarah: Un enfoque equilibrado**

Mientras Sarah y David continuaban con su educación financiera, trabajaron para crear una cartera de inversión equilibrada que reflejara tanto sus objetivos financieros como sus principios éticos. No invirtieron todo su dinero en fondos ASG, pero se aseguraron de que una parte significativa de su cartera se dedicara a empresas que coincidieran con sus valores.

David, siempre pragmático, seguía siendo prudente en cuanto al riesgo. Así que mantuvieron parte de sus inversiones en fondos indexados y bonos tradicionales para garantizar su diversificación. Pero a medida que comprobaban el buen rendimiento de sus fondos ESG, aumentaban gradualmente sus aportaciones a inversiones sostenibles. No se trataba sólo de la rentabilidad, sino de sentirse bien con el destino de su dinero.

Para mí ha sido fundamental equilibrar mi cartera de inversiones entre las tradicionales y las éticas. Aunque me apasiona invertir en empresas que reflejan mis valores, también reconozco la importancia de la diversificación y la gestión del riesgo. Al igual que Sarah y David, he descubierto que es posible aumentar el patrimonio de forma responsable y, al mismo tiempo, apoyar las causas y las empresas que más me importan.

### Ventajas de la inversión ética a largo plazo

Uno de los aspectos más gratificantes de la inversión ética para Sarah fue ver el impacto a largo plazo que podían tener sus inversiones, no sólo en el futuro financiero de su familia, sino en el mundo que la rodeaba. Al invertir en empresas comprometidas con la sostenibilidad, Sarah y David estaban apoyando a empresas que contribuían a crear un planeta más sano para sus hijos y las generaciones futuras.

Sarah comprendió que la inversión ética no era sólo una estrategia a corto plazo, sino que se trataba de construir un legado. Las empresas en las que invertía creaban soluciones innovadoras a algunos de los problemas más acuciantes del mundo, desde el cambio climático hasta la desigualdad social. Al elegir invertir en estas empresas, Sarah sintió que estaba contribuyendo a un futuro mejor al tiempo que aseguraba el bienestar financiero de su familia.

Proverbios 13:22 nos recuerda: "*Una buena persona deja una herencia a los hijos de sus hijos*". Esta herencia no es sólo financiera, sino también moral y espiritual. Al modelar la inversión basada en valores, Sarah y David están enseñando a sus hijos la importancia de alinear la riqueza con el propósito, de utilizar los recursos para hacer el bien y de priorizar la justicia y la misericordia en todos los ámbitos de la vida.

En mi propia experiencia, los beneficios a largo plazo de la inversión ética han sido tanto financieros como personales. No sólo he visto un crecimiento constante de mis inversiones, sino que también he experimentado la satisfacción de saber que mi dinero está marcando una diferencia positiva. Es un recordatorio de que la riqueza puede utilizarse para el bien, y de que invertir es algo más que la cuenta de resultados: se trata de crear valor para el mundo.

**Dilemas éticos a la hora de invertir**

Uno de los retos a los que se enfrentaron Sarah y David en su viaje hacia la inversión ética fue navegar por las inevitables *zonas grises*. No todas las empresas son perfectas, e incluso los fondos ESG pueden incluir empresas que pueden no alinearse perfectamente con sus valores. Por ejemplo, Sarah descubrió que algunos fondos etiquetados como "sostenibles" seguían invirtiendo en empresas con prácticas laborales o registros medioambientales cuestionables.

Esto no desanimó a Sarah, sino que la ayudó a convertirse en una inversora más informada. Ella y David dedicaron tiempo a investigar las empresas de su cartera, a profundizar en sus prácticas empresariales y a tomar decisiones basadas en sus valores personales. También aprendieron que estaba bien hacer ajustes sobre la marcha: si descubrían que una empresa no se ajustaba a sus principios, podían mover su dinero a otra parte.

En mi trayectoria inversora me he enfrentado a dilemas éticos similares. Ha habido ocasiones en las que he tenido que reevaluar mi cartera y hacer cambios basándome en nueva información. Es importante recordar que la inversión ética no consiste en la perfección, sino en tomar decisiones intencionadas y estar dispuesto a corregir el rumbo cuando sea necesario.

La Biblia nos anima a ser sabios y discernir con los recursos que se nos han dado. Proverbios 3:9 dice: "*Honra al Señor con tus riquezas, con las primicias de todas tus cosechas*". Para Sara y David, honrar a Dios con su riqueza significaba ser conscientes de dónde invertían y estar dispuestos a asumir la responsabilidad de esas decisiones.

**Lección clave: La inversión ética alinea la riqueza con el propósito**

La lección clave que Sarah y David aprendieron es que *la inversión ética te permite alinear tu riqueza con tu propósito*. Invertir no es sólo hacer crecer tu dinero, sino utilizar tus recursos financieros para apoyar los valores en los que crees. Al elegir invertir en empresas que reflejan sus principios, Sarah y David fueron capaces de construir una cartera que no sólo aseguraba el futuro de su familia, sino que también contribuía al bienestar de los demás.

Para Sarah, la inversión ética se convirtió en una forma de vivir su fe y su compromiso con la administración. Se trataba de algo más que el éxito financiero, se trataba de utilizar sus recursos para tener un impacto positivo en el mundo. ¿Y lo mejor? No tenía que sacrificar sus ingresos para conseguirlo. Ella y David descubrieron que podían hacer crecer su patrimonio manteniéndose fieles a sus valores, creando una situación beneficiosa para su familia y para las causas que les importaban.

A medida que avanza en su propio viaje inversor, recuerde que su patrimonio es una herramienta poderosa. Alineando tus inversiones con tus valores, puedes construir tu seguridad financiera al tiempo que realizas una contribución significativa al mundo que te rodea.

En el próximo capítulo, exploraremos cómo la generosidad y la retribución pueden enriquecer aún más su vida y su trayectoria financiera. Con una base sólida de administración, ahorro e inversión, estarás listo para dar los pasos finales hacia la creación de un legado de abundancia e impacto.

# Parte VI: Generosidad y construcción del legado

En esta última sección, explorarás el increíble poder de la *generosidad* y cómo puede convertirse en la piedra angular de tu vida financiera. Lucas 6:38 nos dice: "Den, y se les dará. Una buena medida, apretada, remecida y rebosando, se derramará en tu regazo. Porque con la medida con que midáis, os será medido". Esta enseñanza bíblica subraya la verdad de que la generosidad no consiste sólo en ayudar a los demás, sino en recibir bendiciones a cambio.

Sara y David aprendieron que la verdadera riqueza está en dar. A medida que adquirían más confianza en su estabilidad financiera, descubrieron que dar les proporcionaba una sensación de plenitud más profunda de lo que el dinero podría haberles proporcionado jamás. En esta sección, aprenderás a construir un *legado de abundancia* que refleje tus valores y tenga un impacto en la vida de los demás durante generaciones. Explorará cómo dar y dejar un legado significativo son las expresiones definitivas de la libertad y el propósito financieros.

# Capítulo 12

# La bendición de la generosidad

La generosidad es una de las formas más poderosas de utilizar la riqueza que hemos acumulado. Dar no sólo beneficia a las personas o causas que apoyamos, sino que nos transforma de formas que van mucho más allá de lo económico. Nos recuerda que la riqueza no es sólo un recurso privado, sino un bien público, una herramienta que puede utilizarse para difundir la esperanza, la alegría y el cambio positivo en el mundo.

Cuando Sarah y David llegaron a esta etapa de su viaje financiero, sintieron un gran alivio. Su situación financiera era más estable que nunca, estaban invirtiendo con intención y tenían una visión clara del futuro. Sin embargo, en la mente de Sarah aún persistía una pregunta: *¿Cómo podemos utilizar esta nueva estabilidad para devolver algo?*

A lo largo de su viaje, Sarah y David habían llegado a comprender que la riqueza no sólo tenía que ver con la seguridad y la comodidad, sino también con *compartir* las bendiciones que habían recibido. Sarah siempre había creído en el principio bíblico de la generosidad, pero durante años, las limitaciones financieras le habían dificultado dar libremente. Ahora que su situación económica era mejor, quería dar prioridad a devolver de un modo que reflejara sus valores espirituales.

Me identifico con este sentimiento. Al igual que Sarah, crecí con la convicción de que dar era una de las vocaciones más elevadas. Sin embargo, hubo momentos en mi vida en los que sentí que no tenía suficiente para compartir. Me preocupaba que si daba demasiado, no tendría suficiente para mis propias necesidades. Pero a medida que crecía en mi comprensión financiera, me di cuenta de que dar no es sólo un acto de generosidad, es un principio espiritual y financiero que abre la puerta a bendiciones aún mayores.

**La alegría de dar gratuitamente**

Una de las lecciones más importantes que aprendió Sarah fue que dar no era sólo una obligación económica, sino una fuente de profunda alegría. Durante años, se había sentido culpable por no poder contribuir todo lo que quería a su iglesia o a las causas que le importaban. Pero ahora que ella y David habían construido una base financiera más segura, podían dar libremente sin miedo ni culpa.

En Lucas 6:38, Jesús nos dice: "Dad, y se os dará. Una buena medida, apretada, sacudida y rebosando, se derramará en vuestro regazo. Porque con la medida que uséis, os será medido". Este versículo capta la esencia de lo que significa dar: no se trata de perder o disminuir nuestros recursos, sino de crear un flujo de bendiciones que vuelva a nosotros en abundancia.

Sarah y David decidieron crear un plan para sus donaciones, igual que habían hecho con sus ahorros e inversiones. Reservaron un porcentaje de sus ingresos cada mes específicamente para contribuciones benéficas. Esto les dio la libertad de dar generosamente, sabiendo que no desbarataría sus objetivos financieros. Eligieron causas cercanas a sus corazones: apoyar a su iglesia, donar a bancos de alimentos locales y contribuir a programas educativos para niños desfavorecidos.

Para Sarah, el acto de dar aportaba una sensación de plenitud que ninguna cantidad de dinero podría reemplazar. Veía cómo sus contribuciones marcaban una diferencia real en la vida de los demás, y esto la llenaba de un profundo sentido de propósito. También se dio cuenta de algo interesante: cuanto más daba, más bendecida se sentía a cambio. No se trataba sólo de bendiciones económicas, sino de la satisfacción emocional y espiritual que le producía saber que estaba viviendo sus valores.

He experimentado la misma alegría en mi propia vida. Cuando tenía problemas económicos, dar me parecía una carga, algo que no podía permitirme. Pero cuando cambié de mentalidad y empecé a dar prioridad a la generosidad, descubrí que dar no tenía que ver con cuánto tenía, sino con cuánto podía contribuir al bienestar de los demás. El acto de dar se convirtió en una bendición en sí mismo, y descubrí que vivir con la mano abierta, en lugar de con el puño cerrado, permitía que la abundancia fluyera en mi vida de formas inesperadas.

La Biblia recoge bellamente este principio en Lucas 6:38: "Dad, y se os dará. Una buena medida, apretada, remecida y rebosando, se derramará en tu regazo. Porque con la medida que uséis, os será medido". Sara se lo tomó muy a pecho y se dio cuenta de que dar no era sólo hacer caridad, sino abrir su vida para recibir bendiciones aún mayores.

**La generosidad rompe el poder del dinero**

La Biblia es rica en enseñanzas sobre la importancia de dar. Uno de los mensajes más poderosos proviene de Proverbios 11:25: *"La persona generosa prosperará; quien refresca a otros será refrescado"*. Este versículo habla de la naturaleza cíclica de la generosidad: cuando damos, también recibimos. Pero las recompensas de la generosidad no siempre son económicas. A menudo vienen en forma de alegría, paz y la satisfacción de saber que hemos marcado la diferencia.

La generosidad también refuerza nuestra fe. Es un acto de confianza, un reconocimiento de que nuestra seguridad no proviene del dinero al que nos aferramos, sino de la creencia de que formamos parte de algo más grande. Cuando damos, confiamos en que Dios proveerá, en que siempre hay suficiente y en que, en última instancia, nuestros recursos no son nuestros para aferrarnos a ellos, sino dones para compartir.

Una de las lecciones más transformadoras que aprendieron Sarah y David fue que la generosidad tiene el poder de *romper el control que el dinero puede ejercer sobre nuestras vidas.*

Durante muchos años, habían vivido en un estado de ansiedad financiera, siempre preocupados por tener suficiente. Pero cuando empezaron a dar más libremente, se dieron cuenta de que el dinero ya no les controlaba. En lugar de aferrarse a cada dólar por miedo, pudieron dejarlo ir, confiando en que sus necesidades serían satisfechas.

Para Sarah, esto supuso un profundo cambio espiritual. Siempre había sido generosa de corazón, pero el estrés financiero la había vuelto cautelosa. Ahora, con una base financiera sólida y un plan claro, podía dar sin dudar. Y cuanto más daba, más libre se sentía de la ansiedad que antes la atormentaba. Se dio cuenta de que el dinero es una herramienta, no un amo, y que dándolo podía asegurarse de que nunca tuviera poder sobre ella.

Yo he experimentado esta misma libertad. Hubo un tiempo en mi vida en el que pensé que aferrarme fuertemente al dinero era la única manera de alcanzar la seguridad financiera. Pero lo que aprendí es que cuando damos generosamente, aflojamos el control que el dinero tiene sobre nuestros corazones. Dejamos de verlo como algo que hay que atesorar y, en cambio, lo reconocemos como un recurso que hay que compartir. Cuando el dinero deja de ser el centro de atención, es más fácil confiar en que vendrá más a medida que sigamos sirviendo y contribuyendo a los demás.

En 2 Corintios 9:7, se nos recuerda: "*Cada uno de vosotros dé lo que haya decidido en su corazón, no de mala gana ni por obligación, porque Dios ama al dador alegre*". Este versículo habla de la alegría de dar libremente, sin el miedo o la reticencia que a menudo acompañan a la ansiedad financiera. Para Sara y David, aprender a dar con alegría se convirtió en una parte clave de su transformación financiera.

### Crear un plan de generosidad

A medida que Sarah y David profundizaban en su compromiso con la generosidad, se dieron cuenta de que, al igual que ahorrar e invertir, dar requería un *plan*. Querían asegurarse de que sus contribuciones fueran intencionadas y estuvieran en consonancia con sus valores. En lugar de hacer donaciones esporádicas, decidieron fijar objetivos concretos para sus donaciones benéficas, asegurándose de que una parte de sus ingresos se destinara sistemáticamente a las causas que les interesaban.

Este planteamiento les permitió ser más estratégicos en sus donaciones. Establecieron contribuciones automáticas a su iglesia y a las organizaciones benéficas que apoyaban, al igual que hacían con sus ahorros e inversiones. De este modo, no tenían que pensar en ello cada mes: dar se convirtió en un hábito, entretejido en el tejido de su vida financiera.

Descubrí que crear un plan de generosidad fue igualmente transformador en mi propia vida. Al fijar objetivos concretos para mis donaciones, pude ser más consciente de adónde iba mi dinero y de cómo repercutía. Al igual que Sarah y David, automaticé mis contribuciones benéficas, asegurándome de que dar se convirtiera en una parte natural de mi rutina financiera. Esto no sólo simplificó mis donaciones, sino que también las hizo más significativas, ya que podía ver el impacto constante de mis contribuciones a lo largo del tiempo.

Sarah y David también se esforzaron por implicar a sus hijos en el proceso. Querían que sus hijos comprendieran la importancia de dar y desarrollaran un corazón generoso a una edad temprana. Cada mes, discutían en familia a dónde querían destinar sus contribuciones, permitiendo a sus hijos participar en el proceso de toma de decisiones. Esto no sólo enseñó a sus hijos el valor de dar, sino que también creó un sentido de propósito compartido dentro de su familia.

**Pasos prácticos para crear una estrategia de donación**

Incorporar la generosidad a su plan financiero no tiene por qué ser complicado. Simplemente requiere intención. He aquí algunas medidas prácticas que Sarah, David y tú podéis tomar para crear una estrategia de donación reflexiva y con impacto:

**1. Empezar con el diezmo**

Para muchos, diezmar -dar el 10% de sus ingresos a la iglesia- es una forma fundamental de practicar la generosidad. El diezmo asegura que dar es una parte regular y consistente de tu vida financiera. También crea un sentido de responsabilidad, ya que estás comprometiendo una parte de tus ingresos a algo más grande que tú mismo.

Malaquías 3:10 se cita a menudo en las discusiones sobre el diezmo: "Traed todo el diezmo al alfolí, para que haya alimento en mi casa. Probadme en esto", dice el Señor Todopoderoso, "y veréis si no abro de par en par las compuertas del cielo y derramo tanta bendición que no habrá sitio suficiente para almacenarla". Diezmar no es sólo una obligación: es una invitación a recibir bendiciones a cambio.

Si diezmar el 10% te parece abrumador, empieza por donde estás. Incluso reservar el 1-2% de tus ingresos para dar es un primer paso poderoso. A medida que mejore tu situación financiera, puedes aumentar esta cantidad con el tiempo.

### 2. Establecer objetivos concretos

La generosidad no tiene por qué limitarse al diezmo. Piensa en otras causas y organizaciones que te importen. Tal vez quieras apoyar a una organización benéfica local, ayudar a financiar iniciativas educativas o proporcionar recursos para un proyecto comunitario. Fíjese objetivos concretos sobre la cantidad que le gustaría donar a estas causas e incorpórelos a su plan financiero.

Por ejemplo, Sara y David podrían decidir destinar el 5% de sus ingresos a ayudar a un banco de alimentos local o a financiar un viaje misionero. Estableciendo objetivos concretos, pueden hacer que sus donaciones sean intencionadas y tengan impacto.

### 3. Automatice sus donaciones

Del mismo modo que automatizamos nuestros ahorros e inversiones (como se ha explicado en capítulos anteriores), automatizar tus donaciones garantiza que la generosidad sea constante. Establezca contribuciones automáticas a su iglesia u organizaciones benéficas cada mes. De este modo, no tendrá que acordarse de dar: ya está incluido en su presupuesto.

### 4. Implique a su familia

La generosidad es un poderoso valor que puede transmitir a sus hijos. Hágales partícipes de sus decisiones hablando de las causas que apoya y explicándoles por qué es importante dar. Considere la posibilidad de reservar una parte del presupuesto familiar para donaciones benéficas y deje que sus hijos ayuden a decidir a dónde debe ir ese dinero. Esta práctica les enseña la alegría y la responsabilidad de compartir sus recursos con los demás.

Para Sarah y David, esto puede significar crear un "bote de donaciones" en el que ellos y sus hijos aporten dinero cada semana. A final de mes, pueden sentarse en familia y decidir qué causas apoyar, enseñando a sus hijos la importancia de la generosidad desde una edad temprana.

## El efecto dominó de la generosidad

La generosidad no sólo es buena para el alma, sino también para la economía. Cuando das, cultivas una mentalidad de abundancia en lugar de escasez. Este cambio de perspectiva a menudo conduce a mejores hábitos financieros, como vivir dentro de tus posibilidades, planificar para el futuro y centrarse en lo que realmente importa.

Uno de los aspectos más hermosos de la generosidad es su *efecto dominó*. Sara y David empezaron a darse cuenta de que su generosidad inspiraba a otros. Sus hijos, al ver el compromiso de sus padres, empezaron a desarrollar su propio sentido de la responsabilidad para ayudar a los demás. Incluso sus amigos y familiares se vieron influidos por su ejemplo, y a menudo les preguntaron cómo podían participar en las causas que Sarah y David apoyaban.

Para Sarah, éste fue uno de los aspectos más gratificantes de dar. Se dio cuenta de que la generosidad no consistía sólo en las contribuciones económicas que hacían, sino en el impacto que tenían en las personas de su entorno. Al dar libre y alegremente, estaban inspirando a otros a hacer lo mismo, creando un efecto dominó de bondad y generosidad que se extendía mucho más allá de su círculo inmediato.

He visto este mismo efecto dominó en mi propia vida. Cuando damos generosamente, no sólo influimos directamente en la vida de las personas a las que ayudamos, sino que inspiramos a otros a hacer lo mismo. La generosidad es contagiosa. Crea una cultura de abundancia, en la que la gente ve que hay suficiente para todos y que compartir nuestros recursos enriquece la vida de todos.

**Lección clave: La generosidad enriquece tanto al que da como al que recibe**

La lección clave para Sara -y para todos nosotros- es que *la generosidad enriquece tanto al que da como al que recibe*. Cuando damos libremente, sin miedo ni vacilación, nos abrimos a recibir bendiciones aún mayores. La generosidad rompe el poder que el dinero puede tener sobre nuestras vidas y nos permite vivir en un estado de abundancia, confiando en que siempre tendremos suficiente.

Para Sarah y David, dar se convirtió en una parte fundamental de su plan financiero, no sólo como una forma de ayudar a los demás, sino como una manera de profundizar en su propio sentido de propósito y realización. Descubrieron que dando generosamente no sólo contribuían al bienestar de los demás, sino que también creaban una vida más rica y significativa para ellos mismos.

A medida que avanzas en tu propio viaje financiero, recuerda que la generosidad es una de las herramientas más poderosas que tienes. Al dar libre y alegremente, creas una vida de abundancia, tanto para ti como para los que te rodean.

En el próximo capítulo, exploraremos cómo dejar un legado duradero de abundancia e impacto, garantizando que los principios financieros que ha aprendido se transmitan a las generaciones futuras. Con una base de generosidad, estará preparado para crear un legado que se extienda mucho más allá de su vida.

# Capítulo 13

# Dejar un legado de abundancia

A medida que acumulas riqueza e integras principios espirituales en tu vida financiera, una de las preguntas más profundas que puedes hacerte es: *¿Qué tipo de legado quiero dejar?* Dejar un legado no es sólo transmitir dinero, sino también valores, sabiduría y la mentalidad que capacitará a las generaciones futuras para llevar adelante tanto el éxito financiero como un profundo sentido de propósito.

En Proverbios 13:22 leemos*: "La buena persona deja herencia a los hijos de sus hijos".* Este versículo capta el corazón del legado: no se trata sólo de dejar riqueza a tu familia inmediata, sino de asegurar que las generaciones futuras estén equipadas para prosperar. Un verdadero legado de abundancia va más allá de los dólares y los activos; incluye enseñar a tus hijos y nietos a gestionar la riqueza de forma responsable, a dar generosamente y a vivir de acuerdo con principios que trascienden el éxito financiero.

A medida que Sarah y David se acercaban a las etapas finales de su viaje financiero, empezaron a reflexionar sobre las lecciones que habían aprendido. Habían superado las deudas, construido un sólido plan de ahorro, invertido para su futuro y abrazado el poder de la generosidad. Ahora empezaban a plantearse una nueva pregunta: *¿Cómo podemos transmitir estas lecciones a nuestros hijos?*

El legado siempre fue importante para Sarah. Al crecer en una familia que valoraba la fe y el trabajo duro, había heredado de sus padres una sólida base moral. Pero cuando se trataba de dinero, ella y David habían aprendido mucho de lo que sabían por las malas, a base de ensayo y error. Querían asegurarse de que sus hijos no tuvieran que pasar apuros como ellos, y querían transmitirles no sólo riqueza financiera, sino también los conocimientos y valores que habían transformado sus vidas.

Como padre que soy, me identifico profundamente con el deseo de Sarah de dejar un legado duradero. No basta con acumular riqueza: tenemos que asegurarnos de que la próxima generación esté preparada para gestionarla de forma responsable y utilizarla para crear un impacto positivo. El legado va más allá del dinero. Se trata de inculcar valores, enseñar sabiduría financiera y dejar una influencia duradera que vaya más allá de la riqueza material.

## ¿Qué significa dejar un legado?

Dejar un legado de abundancia no consiste sólo en dejar riqueza, sino también *sabiduría* y *valores* que puedan guiar a sus seres queridos mucho después de que usted se haya ido. Una herencia económica, sin la orientación adecuada, puede malgastarse o utilizarse indebidamente. Pero cuando combinas los recursos financieros con los principios de la administración, la generosidad y la fe, les das a tus hijos y nietos las herramientas que necesitan no sólo para administrar bien el dinero, sino también para usarlo para vivir una vida con sentido y propósito.

Un legado de abundancia consiste en crear un impacto duradero, tanto dentro de su familia como fuera de ella. Se trata de ayudar a tus hijos a entender que la riqueza no es sólo para beneficio personal, sino para hacer del mundo un lugar mejor. Como nos recuerda 1 Timoteo 6:18-19, *"Mándales que hagan el bien, que sean ricos en buenas obras, y que sean generosos y estén dispuestos a compartir. Así acumularán para sí un tesoro como cimiento firme para la edad venidera, a fin de que se apoderen de la vida que es verdaderamente vida."*

Sarah y David han trabajado duro para construir una vida financieramente estable, pero saben que su objetivo final es asegurarse de que sus hijos crezcan con el conocimiento y las habilidades para gestionar la riqueza sabiamente, contribuir a sus comunidades y vivir generosamente. Esta mentalidad es la base del legado que quieren dejar.

**Enseñar sabiduría financiera a la próxima generación**

Uno de los mejores regalos que puede hacer a sus hijos es la educación financiera: el conocimiento y las habilidades para gestionar, hacer crecer y dar dinero de forma inteligente. La educación financiera garantiza que el patrimonio que dejas no se desperdicie, sino que se utilice para crear un impacto duradero para las generaciones futuras.

Para Sarah, uno de los aspectos más importantes de dejar un legado era enseñar a sus hijos las lecciones financieras que ella y David habían aprendido a lo largo de los años. Se dio cuenta de que, aunque era importante transmitir dinero, era aún más crucial transmitir el conocimiento de cómo gestionarlo.

Sarah y David empezaron por mantener conversaciones periódicas con sus hijos sobre el dinero. Les hacían partícipes de las decisiones financieras de la familia, tanto si se trataba de presupuestar unas vacaciones familiares como de discutir su plan de donaciones. Sarah quería que sus hijos vieran el dinero no como una fuente de estrés o preocupación, sino como una herramienta que podían utilizar para crear valor y servir a los demás.

He adoptado un enfoque similar con mi propia familia. Al crecer, el dinero era una fuente de ansiedad en nuestra casa, y rara vez hablábamos abiertamente de él. Pero cuando empecé a aprender más sobre gestión financiera, me di cuenta de lo importante que es desmitificar el dinero para la siguiente generación. Al hablar abiertamente de finanzas con mis hijos, he podido transmitirles los conocimientos que yo tardé años en adquirir.

Proverbios 22:6 ofrece una sabiduría intemporal: *"Inicia a los hijos en el camino que deben seguir, y aun cuando sean viejos no se apartarán de él"*. Para Sarah, esto significaba no sólo enseñar a sus hijos la mecánica del ahorro, el presupuesto y la inversión, sino también inculcarles los valores que guiaron su trayectoria financiera y la de David: valores como la generosidad, la administración y la satisfacción.

He aquí algunos pasos prácticos para enseñar educación financiera a sus hijos:

**1. Empezar pronto y hacerlo sencillo**

Empiece a enseñar lecciones financieras cuando sus hijos sean pequeños, pero mantenga los conceptos sencillos. Por ejemplo, Sarah puede empezar dando a sus hijos pequeñas asignaciones y animándoles a dividir su dinero en tres categorías: ahorrar, gastar y dar. Esto les ayuda a entender que el dinero tiene diferentes propósitos y que es importante equilibrar estas prioridades.

**2. Implíqueles en las decisiones financieras**

A medida que los niños crezcan, involúcrelos en decisiones financieras más complejas. Por ejemplo, Sarah y David podrían invitar a sus hijos a participar en debates sobre el presupuesto familiar o el ahorro para unas vacaciones en familia. De este modo, los niños adquieren experiencia práctica en la toma de decisiones sobre el dinero, ven las ventajas y desventajas y comprenden el valor de planificar con antelación.

**3. Enséñeles a invertir**

Invertir es una de las formas más poderosas de crear riqueza, y enseñar a sus hijos a hacerlo a una edad temprana puede prepararles para el éxito a largo plazo. Sarah puede introducir a sus hijos en los conceptos básicos de la inversión, explicándoles cómo crece el dinero mediante el interés compuesto y cómo las distintas inversiones conllevan diferentes niveles de riesgo.

Una medida práctica podría ser ayudar a sus hijos a abrir una pequeña cuenta de inversión, donde puedan empezar a invertir el dinero que han ahorrado. Esta experiencia práctica les enseña el valor del pensamiento a largo plazo y el poder de la paciencia a la hora de crear riqueza.

### 4. Modelar la generosidad

Los niños aprenden mejor observando lo que hacen sus padres. Sara y David pueden dar ejemplo de generosidad implicando a sus hijos en las donaciones caritativas de la familia. Esto podría significar hablar de las causas que apoyan o pedir a sus hijos que les ayuden a elegir el destino de una parte de las donaciones familiares.

Al ver la generosidad en acción, los hijos de Sarah entenderán que dar es una parte integral del éxito financiero, no sólo un añadido opcional. Aprenderán que la riqueza es una herramienta para compartir y que la verdadera abundancia proviene de marcar una diferencia positiva en el mundo.

## Crear un plan de legado financiero

Sarah y David sabían que era esencial transmitir la sabiduría financiera, pero también reconocieron la importancia de crear un plan claro para la transmisión de su patrimonio. No querían dejar nada al azar, así que empezaron a desarrollar un *plan de legado financiero, una* hoja de ruta que garantizara que sus activos se transmitieran de una forma acorde con sus valores.

Uno de los primeros pasos que dieron fue trabajar con un asesor financiero para actualizar sus testamentos y crear fideicomisos para el futuro de sus hijos. Querían asegurarse de que sus bienes estuvieran protegidos y se distribuyeran de acuerdo con sus deseos, pero también querían asegurarse de que sus hijos tuvieran los conocimientos y la madurez necesarios para gestionar su herencia de forma responsable.

Para mí, crear un plan de legado financiero fue uno de los pasos más importantes para asegurar el futuro de mi familia. No basta con dejar dinero; sin un plan, ese dinero puede mal administrarse rápidamente o incluso provocar conflictos entre los miembros de la familia. Sarah y David comprendieron que tener un plan claro y meditado les daría la tranquilidad de saber que su patrimonio seguiría sirviendo a su familia y a su comunidad mucho después de que ellos ya no estuvieran.

Pero su plan de legado no se limitaba a transmitir dinero. Se trataba de transmitir los principios que habían dado forma a sus vidas. Sarah y David se aseguraron de que su plan de sucesión reflejara su compromiso con la generosidad incluyendo donaciones benéficas como parte de su patrimonio. Querían que sus hijos vieran que la riqueza no era algo que se utilizaba sólo para beneficio personal, sino un recurso que podía emplearse para bendecir a los demás.

## Vivir su legado ahora

Una de las reflexiones más profundas que Sarah tuvo cuando ella y David elaboraron su plan de legado fue que *dejar un legado no se trata sólo de lo que dejas atrás, sino de cómo vives ahora mismo*. Sarah no quería que sus hijos vieran el legado como algo que sólo ocurría cuando ella y David ya no estaban. Ella quería modelar una vida de generosidad, responsabilidad y propósito mientras todavía estaba aquí.

Este cambio de mentalidad permitió a Sarah y David vivir su legado cada día. Ya fuera a través de sus donaciones periódicas, del tiempo que dedicaban a asesorar a otros o del ejemplo que daban con la gestión de sus finanzas, se dieron cuenta de que su legado no era algo que empezaría en el futuro, sino algo que estaban construyendo en el presente.

Yo también he descubierto que vivir tu legado ahora es una de las formas más poderosas de garantizar que tus valores se transmitan. No se trata sólo de lo que dejas en una cuenta bancaria o en un testamento. Se trata del impacto que tienes en las personas que te rodean mientras aún estás aquí. El legado se construye en los momentos cotidianos, en las lecciones que enseñamos, el amor que damos y el ejemplo que damos.

Sarah y David empezaron a adoptar plenamente esta idea. Hicieron un esfuerzo consciente por vivir sus valores delante de sus hijos, haciéndoles partícipes de las discusiones familiares sobre dinero, caridad y responsabilidad. No esperaron a jubilarse o a tener "suficiente" para dejar huella.

Se dieron cuenta de que viviendo su legado ahora, estaban dando forma al futuro de sus hijos en tiempo real.

**Transmitir valores, no sólo riqueza**

Una de las mayores preocupaciones de Sarah y David al elaborar su plan de legado era cómo asegurarse de que sus hijos no se centraran demasiado en el dinero. No quería que crecieran con un sentido de derecho o que creyeran que la riqueza era lo más importante en la vida. Para Sarah, la riqueza era una herramienta que había que utilizar con sabiduría, no un objetivo que había que perseguir a toda costa.

Para hacer frente a esta situación, Sara y David se propusieron *transmitir valores*, no sólo riqueza. Hicieron hincapié en la importancia del trabajo duro, la humildad y la gratitud. Enseñaron a sus hijos que, aunque el éxito financiero es importante, lo que define la verdadera riqueza es cómo utilizamos ese éxito para servir a los demás.

Para mí, éste es uno de los aspectos más importantes a la hora de dejar un legado. Es fácil centrarse en el aspecto financiero, pero si no transmitimos los valores que dieron forma a nuestra trayectoria financiera, corremos el riesgo de dejar un patrimonio sin la sabiduría necesaria para gestionarlo. Para Sarah y David, su legado no consistía únicamente en garantizar la seguridad financiera de sus hijos, sino en asegurarse de que comprendieran el propósito más profundo de ese patrimonio.

En Mateo 6:33, Jesús nos recuerda: "*Buscad primero su reino y su justicia, y todas estas cosas os serán añadidas.*" Este versículo sirvió de principio rector a Sara y David para enseñar a sus hijos a dar prioridad a la fe, la integridad y el servicio por encima de la riqueza material.

**Lección clave: El legado es impacto, no sólo herencia**

La lección clave que Sarah y David aprendieron en su viaje de creación de legados es *que el legado tiene que ver con el impacto, no sólo con la herencia*. Aunque la herencia económica es importante, el verdadero legado que querían dejar era un legado de valores, propósito y generosidad. Se dieron cuenta de que su mayor regalo para sus hijos no era sólo el dinero que heredarían, sino la sabiduría y los principios que guiarían a sus hijos mucho después de que ellos se hubieran ido.

Para Sarah, construir un legado era algo más que asegurar el futuro financiero de sus hijos. Se trataba de asegurarse de que sus hijos supieran cómo utilizar esa riqueza para marcar una diferencia positiva en el mundo. Al inculcarles los valores de la generosidad, la responsabilidad y la administración, Sarah y David estaban preparando a sus hijos no sólo para administrar el dinero, sino para vivir vidas con un propósito y un impacto.

Cuando pienses en tu propio legado, recuerda que no se trata sólo de lo que dejas atrás, sino de la vida que vives ahora. Las decisiones que tomes hoy, las lecciones que enseñes y el ejemplo que des conformarán el legado que dejes a las generaciones futuras.

En la conclusión de este libro, reflexionaremos sobre cómo equilibrar la creación de riqueza con los valores espirituales tiene el poder de transformar no sólo su vida financiera, sino toda su perspectiva sobre lo que significa vivir en abundancia.

# Conclusión

## La verdadera libertad financiera se encuentra en el equilibrio

El dinero. Es algo que afecta a todos los aspectos de nuestras vidas: cómo vivimos, trabajamos, soñamos y damos. Sin embargo, para muchas personas, el dinero siempre ha sido una fuente de estrés, confusión y, a veces, culpabilidad. Como nos ha mostrado la historia de Sarah, esta tensión entre los valores espirituales y el éxito financiero es una lucha común. Pero ésta es la verdad que hemos descubierto juntos: *el dinero no es un enemigo, sino una herramienta.*

A lo largo de este libro, hemos explorado cómo la riqueza, cuando se aborda con la mentalidad correcta, puede ser una poderosa fuerza para el bien. Hemos visto cómo el dinero puede crear seguridad para tu familia, cómo puede ser una forma de servir a los demás y cómo puede darte el poder de vivir con libertad y propósito. Pero, ¿cuál es la lección más importante? La libertad financiera no consiste en cuánto dinero tienes, sino en cómo equilibras el dinero con los valores más profundos que guían tu vida.

Cuando Sarah se sentó una tarde a reflexionar sobre la transformación que ella y David habían experimentado en los últimos años, se sintió invadida por una profunda sensación de paz y determinación. La ansiedad que antes la consumía -sobre las deudas, sobre tener lo suficiente, sobre tomar las decisiones correctas- se había desvanecido gradualmente, sustituida por una tranquila confianza en que su futuro financiero estaba asegurado. Más que eso, habían aprendido a vivir en abundancia, no sólo en términos económicos, sino también en sus corazones y mentes.

Durante años, Sarah se había visto atrapada en la tensión entre su deseo de ser económicamente responsable y sus profundas creencias espirituales. Quería mantener a su familia, planificar su futuro y ser capaz de dar generosamente. Sin embargo, como tantos otros, había luchado por conciliar sus objetivos financieros con su fe, temiendo que la búsqueda de la riqueza pudiera alejarla de los valores que apreciaba.

Sin embargo, lo que Sarah descubrió -y lo que tú, lector, has explorado a lo largo de este libro- es que el dinero no es una contradicción con los valores espirituales. Cuando se administra con sabiduría, es una herramienta que puede servir a tus propósitos más elevados, un medio para crear seguridad, alegría e impacto positivo en el mundo. El dinero es neutro -ni intrínsecamente bueno ni malo-, pero puede utilizarse como instrumento de cambio, tanto en tu vida como en la de los demás.

Al reflexionar sobre mi propio viaje, me doy cuenta de que yo también luché por encontrar el equilibrio entre el éxito financiero y mis valores más profundos. Al igual que Sarah, crecí con problemas financieros, aprendiendo a ahorrar por necesidad y gastando a menudo lo que tenía en compras más grandes o emergencias. Pero con el tiempo, llegué a comprender que la creación de riqueza, cuando se hace con la mentalidad y el propósito correctos, no es sólo un camino hacia la libertad personal, sino una forma de servir a los demás y vivir en consonancia con tu fe.

## Equilibrar la creación de riqueza y los valores espirituales

En el corazón de este libro está la idea de que la verdadera libertad financiera se encuentra en el *equilibrio: el* equilibrio entre la creación de riqueza y los valores espirituales, entre ahorrar y dar, entre planificar el futuro y vivir con generosidad hoy.

El viaje de Sarah y David refleja el camino que recorremos muchos de nosotros. Empezaron con una mentalidad de escasez, sintiendo que nunca había suficiente. Pero gracias a la diligencia, la educación y la fe, aprendieron que la abundancia financiera está al alcance de cualquiera que se acerque al dinero con intención y respeto. Pasaron del miedo y la escasez a una mentalidad de abundancia, entendiendo que la riqueza no es la raíz del mal, sino un recurso que puede multiplicarse mediante la creación de valor y utilizarse para el bien.

El camino hacia la libertad financiera no siempre es fácil. Al igual que Sarah, es posible que se enfrente a obstáculos: deudas, falta de conocimientos financieros o consejos contradictorios. Puede que haya crecido con creencias que le dificulten aceptar la idea de crear riqueza, o puede que tema que perseguir el éxito financiero le lleve por el camino del materialismo. Pero, como demuestra la historia de Sarah, no tiene por qué elegir entre la seguridad financiera y una vida de fe y objetivos. Puedes conseguir ambas cosas si desarrollas una relación sana con el dinero y lo utilizas de una forma que esté en consonancia con tus valores fundamentales.

**Ganar, ahorrar y dar: Un enfoque integral**

La fórmula del éxito financiero, tan sencilla como poderosa, consta de tres partes: *ganar más, gastar menos e invertir la diferencia.* Pero la verdadera magia ocurre cuando integras cada una de estas partes en una vida guiada por la fe, el propósito y el equilibrio.

- **Ganar más** se convierte en un reflejo de tu creatividad y servicio a los demás. Cuando creas valor para la gente a través de tu trabajo, recibes una recompensa económica. No se trata del sueldo, sino de utilizar tu talento para hacer del mundo un lugar mejor.
- **Gastar menos** nos enseña el poder de la administración. Vivir por debajo de nuestras posibilidades no es sólo una estrategia financiera práctica; es una forma de cultivar la satisfacción y encontrar la alegría en la sencillez. Nos recuerda que la

verdadera riqueza no se encuentra en las posesiones, sino en las experiencias, las relaciones y la realización espiritual.

- **Invertir la diferencia** te permite multiplicar los recursos que Dios te ha confiado. No se trata sólo de acumular riqueza por el bien de la riqueza, sino de hacer crecer tus recursos para que puedas mantener a tu familia, dar generosamente y dejar un legado duradero.

Y en el centro de todo está el **dar**. La generosidad es el hilo que lo une todo. Cambia el enfoque de la acumulación a la contribución, del miedo a la fe. Como nos recuerda Lucas 6:38: *"Dad, y se os dará... Porque con la medida con que medís, os será medido"*. Dar no agota nuestra riqueza, sino que la multiplica de formas que no siempre podemos ver. Enriquece nuestras vidas espiritual y emocionalmente, creando un efecto dominó de bendiciones que se extiende mucho más allá de nuestras vidas individuales.

## El poder de la corresponsabilidad y la vida intencionada

A lo largo de este libro, hemos explorado cómo conceptos como la administración, el gasto intencionado y la generosidad no son sólo principios financieros, sino también espirituales. Proverbios 21:5 nos recuerda: *"Los planes del diligente conducen ciertamente a la abundancia, pero todo el que se apresura sólo llega a la pobreza"*. Esta sabiduría ha guiado la transformación de Sarah, que ha pasado de ser una persona temerosa del dinero a alguien que lo gestiona con claridad y confianza.

Si aprendes a gestionar tus recursos mediante la organización, la planificación y la toma de decisiones meditadas, podrás tomar decisiones financieras que reflejen tus valores. Sarah y David encontraron la paz al adoptar la administración, no sólo en términos de dinero, sino también en la forma en que gestionaban su tiempo, su energía y sus relaciones.

Al mismo tiempo, se dieron cuenta de que la verdadera libertad financiera no consistía sólo en acumular riqueza, sino en utilizar esa riqueza para crear una vida con sentido. Ya fuera dando generosamente, invirtiendo éticamente o creando seguridad financiera para sus hijos, Sarah y David empezaron a vivir su legado en el presente, en lugar de esperar al futuro para dejar huella.

## Libertad financiera significa vivir según tus condiciones

En última instancia, la libertad financiera consiste en elegir. Se trata de ser capaz de vivir la vida a tu manera, sin el estrés de las deudas, libre para perseguir tus pasiones, libre para dar generosamente a las causas que te importan y libre para dejar un legado que refleje tus valores. Pero la verdadera libertad no consiste sólo en *tener* dinero, sino en *entenderlo*, *gestionarlo* y *utilizarlo* de forma que se alinee con tus convicciones espirituales más profundas.

La historia de Sarah nos enseñó que la libertad financiera es posible para cualquiera, empiece por donde empiece. Ella y su marido, David, pasaron del estrés económico a la seguridad financiera cambiando su relación con el dinero: aprendieron a ahorrar, a invertir, a vivir dentro de sus posibilidades y a dar. Su viaje no fue sólo cuestión de dólares y céntimos; fue cuestión de fe, sabiduría y comprensión de que el dinero es una herramienta que puede usarse para hacer el bien cuando se gestiona sabiamente.

## Un legado de abundancia

Uno de los cambios más significativos que hicieron Sarah y David fue reconocer que el legado no consiste sólo en el dinero que dejarían a sus hijos, sino en los valores, la sabiduría y las lecciones que imparten a lo largo del camino. Querían que sus hijos crecieran con una sólida base financiera, pero lo más importante era que comprendieran el propósito más profundo de la riqueza: vivir con generosidad, servir a los demás y utilizar el dinero como una herramienta para hacer el bien.

Como ya hemos dicho en el capítulo anterior, dejar un legado de abundancia significa transmitir algo más que riqueza material. Se trata de garantizar que la próxima generación tenga los conocimientos, la disciplina y los valores necesarios para transmitir los principios de la administración financiera y la generosidad. Sarah y David empezaron a involucrar a sus hijos en sus discusiones financieras, enseñándoles no sólo a administrar el dinero, sino también a utilizarlo para crear una vida de impacto y realización.

Este es, en definitiva, el mensaje de este libro: La libertad financiera no consiste sólo en asegurar su propio futuro, sino en utilizar sus recursos para crear un legado duradero de abundancia, que enriquezca la vida de los demás y honre los principios que usted defiende.

Como nos enseña Proverbios 13:22, *"Una buena persona deja una herencia a los hijos de sus hijos"*. Esta herencia no es sólo material: es espiritual, emocional e intelectual. Es el don del conocimiento, la sabiduría y la comprensión de que la riqueza es una herramienta para el bien.

**Abraza tu propio viaje**

Al reflexionar sobre su propia trayectoria financiera, piense dónde se encuentra hoy y dónde quiere estar. Tanto si acabas de empezar, como si estás lidiando con deudas o en camino hacia la libertad financiera, debes saber que nunca es demasiado tarde para adoptar una nueva forma de pensar sobre el dinero. Al igual que Sarah, puedes transformar tu relación con el dinero y empezar a verlo como una herramienta para vivir tus valores y crear un impacto duradero.

Empieza por cambiar tu mentalidad: El dinero no es algo que haya que temer o perseguir, sino una herramienta que hay que gestionar con sabiduría e intención. Empieza dando pequeños pasos, ya sea creando un presupuesto, creando un fondo de emergencia o estableciendo inversiones automáticas. Con el tiempo, te darás cuenta de que la estabilidad financiera no consiste en ganar más, sino en ser útil con lo que tienes y utilizarlo para crear una vida llena de sentido y abundancia.

Recuerda que la riqueza, cuando se alinea con tus valores espirituales, se convierte en una fuerza para el bien. Al equilibrar el éxito financiero con la fe, la generosidad y la administración, no solo alcanzarás la libertad personal, sino que también inspirarás y elevarás a los que te rodean.

**El camino a seguir**

Cuando cierre este libro y siga adelante, sepa que la libertad financiera es un viaje, no un destino. Al igual que Sarah, usted continuará aprendiendo y creciendo, ajustando su enfoque a medida que la vida cambie. Pero con las lecciones de este libro en la mano, usted está equipado con las herramientas para tener éxito.

Emprenda su viaje financiero con confianza, sabiendo que el dinero no es una fuente de estrés o confusión, sino un recurso que debe gestionarse y compartirse sabiamente. Al tomar el control de tus finanzas y alinear tus acciones con tus valores, experimentarás una mayor sensación de paz, propósito y prosperidad.

Que sigas adelante en abundancia, no sólo en riqueza material sino en la riqueza de una vida vivida con intención, generosidad y gratitud.

**Reflexión final: La verdadera medida de la riqueza**

Al final, la verdadera medida de la riqueza no se encuentra en tu cuenta bancaria, sino en tu corazón. Se encuentra en las relaciones que construyes, el impacto que tienes y el legado que dejas. El dinero, cuando se utiliza con intención, se convierte en una poderosa herramienta para crear una vida de libertad, propósito y plenitud.

Así que, a medida que avanzas, recuerda que la riqueza no se trata sólo de tener más; se trata de *llegar a ser* más. Se trata de convertirte en la persona que Dios te ha llamado a ser: generoso, sabio y abundante en todas las cosas. Con este equilibrio, no sólo experimentará la libertad financiera, sino que también vivirá una vida que refleje la verdadera riqueza de las bendiciones de Dios.

**Manténgase conectado y continúe su viaje**

Tu viaje hacia la libertad financiera y vivir alineado con tus valores espirituales no tiene por qué terminar aquí. Te invito a unirte a mí en Instagram, donde continuaremos explorando consejos prácticos sobre la creación de riqueza, las finanzas personales y vivir una vida con propósito. Juntos, vamos a profundizar en los principios compartidos en este libro, con aplicaciones de la vida real, la inspiración diaria, y una comunidad de apoyo de personas con ideas afines que se han comprometido a equilibrar la fe y el éxito financiero.

Siguiéndome en Instagram, también tendrás acceso a contenidos exclusivos, sesiones de preguntas y respuestas en directo y actualizaciones sobre futuros recursos que te ayudarán a mantenerte en el buen camino y alcanzar tus objetivos financieros. Tanto si buscas motivación, conocimientos financieros o aliento espiritual, mi página de Instagram es un espacio en el que podemos aprender, crecer y celebrar el progreso de los demás.

***Mantengámonos conectados: ¡únete a mí hoy en* [@dinerodivino]!** No puedo esperar a escuchar tu historia, responder a tus preguntas, y caminar a tu lado mientras continúas tu viaje hacia la abundancia y el propósito.

# Índice de citas bíblicas

**Antiguo Testamento**

1. ***Levítico 19:13*** *"No defraudes ni robes a tu prójimo".*
2. ***Proverbios 3:9-10*** *"Honra al Señor con tus riquezas, con las primicias de todas tus cosechas; entonces tus graneros se llenarán a rebosar, y tus tinajas rebosarán de vino nuevo."*
3. ***Proverbios 6:6-8*** *"Acércate a la hormiga, perezoso; considera sus caminos y sé sabio. No tiene comandante, ni capataz ni gobernante, y sin embargo almacena sus provisiones en verano y recoge su comida en la cosecha."*
4. ***Proverbios 10:4*** *"Las manos perezosas hacen la pobreza, pero las manos diligentes traen la riqueza".*
5. ***Proverbios 11:25*** *"Una persona generosa prosperará; quien refresca a otros será refrescado".*
6. ***Proverbios 13:7*** *"Uno finge ser rico, pero no tiene nada; otro finge ser pobre, pero tiene grandes riquezas".*
7. ***Proverbios 13:11*** *"El dinero deshonesto se marchita, pero quien reúne dinero poco a poco lo hace crecer".*
8. ***Proverbios 13:16*** *"El sabio piensa en el futuro; el necio no, ¡y hasta presume de ello!".*
9. ***Proverbios 13:22*** *"Una buena persona deja herencia a los hijos de sus hijos".*

10. ***Proverbios 15:16*** *"Más vale poco con el temor del Señor que grandes riquezas con la turbación".*

11. ***Proverbios 16:8*** *"Más vale poco con justicia que mucha ganancia con injusticia".*

12. ***Proverbios 19:17*** *"Quien es bondadoso con el pobre presta al Señor, y él le recompensará por lo que ha hecho".*

13. ***Proverbios 21:5*** *"Los planes del diligente conducen a la ganancia tan ciertamente como la prisa conduce a la pobreza".*

14. ***Proverbios 21:20*** *"Los sabios acumulan alimentos selectos y aceite de oliva, pero los necios engullen los suyos".*

15. ***Proverbios 22:7*** *"El rico domina al pobre, y el prestatario es esclavo del prestamista".*

16. ***Proverbios 24:3-4*** *"Por la sabiduría se construye una casa, y por la inteligencia se establece; por el conocimiento sus habitaciones se llenan de tesoros raros y hermosos."*

17. ***Proverbios 27:23-24*** *"Asegúrate de conocer la condición de tus rebaños, presta cuidadosa atención a tus manadas; porque las riquezas no duran para siempre."*

18. ***Proverbios 28:20*** *"El fiel será ricamente bendecido, pero el ansioso de enriquecerse no quedará impune".*

19. ***Isaías 1:17*** *"Aprende a hacer el bien; busca la justicia. Defiende al oprimido".*

20. **Eclesiastés 4:6** *"Mejor un puñado con tranquilidad que dos puñados con trabajo y persiguiendo el viento".*

21. **Eclesiastés 5:10** *"Quien ama el dinero nunca tiene suficiente; quien ama la riqueza nunca está satisfecho con sus ingresos. También esto carece de sentido".*

22. **Eclesiastés 7:12** *"La sabiduría es una protección como lo es el dinero, pero la ventaja del conocimiento es ésta: La sabiduría preserva a quien la posee".*

23. **Eclesiastés 11:2** *"Invierte en siete empresas, sí, en ocho; no sabes qué desastre puede sobrevenir a la tierra". (Diversificación)*

24. **Eclesiastés 11:6** *"Siembra tu semilla por la mañana, y al atardecer que tus manos no estén ociosas, porque no sabes qué tendrá éxito, si esto o aquello, o si ambas cosas irán igualmente bien."*

25. **Malaquías 3:10** *"Traed todo el diezmo al alfolí, para que haya alimento en mi casa; y probadme, por favor, en esto, dice el Señor, y ved si no abro de par en par las compuertas del cielo y derramo tantas bendiciones que no habrá sitio suficiente para almacenarlas."*

**Nuevo Testamento**

26. **Mateo 6:19-21** *"No os hagáis tesoros en la tierra, donde la polilla y las alimañas destruyen, y donde los ladrones entran por la fuerza y roban. Más bien, acumulad para vosotros tesoros en el cielo... Porque*

*donde esté vuestro tesoro, allí estará también vuestro corazón".*

27. **Mateo 6:24** *"Nadie puede servir a dos señores... No se puede servir a la vez a Dios y al dinero".*
28. **Mateo 6:33** *"Buscad primero su reino y su justicia, y todas estas cosas os serán dadas por añadidura".*
29. **Mateo 14:16-21** *"Sin embargo, Jesús les dijo: "No tienen por qué irse; dadles vosotros de comer". Ellos le dijeron "Aquí no tenemos más que cinco panes y dos peces". Él les dijo Traédmelos aquí". E indicó a la multitud que se recostara sobre la hierba. Luego tomó los cinco panes y los dos peces, y mirando al cielo, pronunció una bendición, y después de partir los panes los dio a los discípulos, y los discípulos los dieron a la multitud. Todos comieron y se saciaron, y recogieron los pedazos sobrantes, doce cestos llenos. Los que comían eran unos 5000 hombres, además de mujeres y niños pequeños".*
30. **Mateo 19:24** *"Otra vez os digo que es más fácil que un camello pase por el ojo de una aguja que un rico entre en el reino de Dios".*
31. **Mateo 25:14-30** *(La parábola de los talentos) - En esta parábola, un señor confía a sus siervos diferentes cantidades de dinero (talentos) y espera que utilicen estos recursos para generar más. Los siervos que invierten sus talentos son recompensados, mientras que el siervo que esconde su talento por miedo es reprendido.*

32. ***Lucas 6:38*** *"Dad, y se os dará. Una buena medida, apretada, sacudida y rebosando, se derramará en tu regazo. Porque con la medida que uséis, os será medido".*

33. ***Lucas 14:28*** *"Supongamos que uno de vosotros quiere construir una torre. ¿No se sentará primero a calcular el costo para ver si tiene suficiente dinero para terminarla?".*

34. ***Hechos 20:35*** *"En todo lo que hice, os mostré que con este tipo de trabajo duro debemos ayudar a los débiles, recordando las palabras que el mismo Señor Jesús dijo: 'Más bienaventurado es dar que recibir'".*

35. ***Filipenses 4:6-7*** *"Por nada estéis afanosos, sino sean conocidas vuestras peticiones delante de Dios en toda situación, mediante oración y ruego, con acción de gracias. Y la paz de Dios, que sobrepasa todo entendimiento, guardará vuestros corazones y vuestros pensamientos en Cristo Jesús."*

36. ***Filipenses 4:19*** *"Y mi Dios suplirá todas vuestras necesidades según las riquezas de su gloria en Cristo Jesús."*

37. ***Colosenses 3:23*** *"Todo lo que hagáis, trabajadlo de todo corazón, como quien trabaja para el Señor, no para amos humanos."*

38. ***1 Timoteo 6:6-8*** *"Pero la piedad con contentamiento es gran ganancia. Porque nada hemos traído al mundo, y nada podemos sacar de él. Pero si tenemos comida y vestido, con eso nos contentaremos".*

39. **1 Timoteo 6:10** *"Porque el amor al dinero es la raíz de toda clase de males".*

40. **1 Timoteo 6:17-19** *"Manda a los que son ricos en este mundo presente que no sean arrogantes ni pongan su esperanza en las riquezas, que son tan inciertas, sino que pongan su esperanza en Dios, que nos provee ricamente de todo para nuestro disfrute. Ordénales que hagan el bien, que sean ricos en buenas obras y que sean generosos y estén dispuestos a compartir. De este modo, acumularán para sí un tesoro como cimiento firme para la edad venidera, de modo que puedan apoderarse de la vida que es verdaderamente vida."*

41. **2 Corintios 9:6** *"Acuérdate de esto: El que siembra escasamente también cosechará escasamente, y el que siembra generosamente también cosechará generosamente."*

42. **2 Corintios 9:7** *"Cada uno de vosotros dé lo que haya decidido en su corazón dar, no de mala gana ni por obligación, porque Dios ama al dador alegre".*

43. **2 Corintios 9:8** *"Y poderoso es Dios para bendeciros abundantemente, a fin de que, teniendo siempre en todas las cosas todo lo necesario, abundéis en toda buena obra."*

44. **Efesios 2:10** *"Porque somos hechura de Dios, creados en Cristo Jesús para hacer buenas obras, las cuales Dios preparó de antemano para que las hiciéramos."*

45. **Hebreos 13:5** *"Mantened vuestras vidas libres del amor al dinero y contentaos con lo que tenéis, porque Dios ha dicho: 'Nunca os dejaré; nunca os abandonaré'".*

La Biblia ofrece un enfoque integral del dinero, que abarca temas como ganar, administrar, gastar, ahorrar e invertir. Los principios que esboza hacen hincapié en la administración, la generosidad, la sabiduría y la fe. A continuación se presentan enseñanzas clave de las Escrituras sobre cada aspecto de la administración del dinero:

**1. Cómo ganar dinero**

- Diligencia y trabajo duro: La Biblia alienta el trabajo honesto y la diligencia como medios principales para ganarse la vida. Se alaba el trabajo duro y la integridad en la profesión.
- Evitar la ganancia deshonesta: La Biblia también advierte contra formas poco éticas de ganar dinero, como la deshonestidad o la explotación.

**2. Cómo gestionar el dinero**

- Administración: La Biblia enseña que toda riqueza pertenece en última instancia a Dios, y nosotros somos meros administradores de lo que Él nos ha confiado.
- Presupuestos y planificación: La Biblia fomenta la planificación y la gestión cuidadosa de los recursos, algo parecido a la elaboración de presupuestos.

**3. Cómo gastar menos**

- Contentamiento y evitar la codicia: El contentamiento es la clave para evitar el gasto excesivo. La Biblia advierte contra el materialismo y la codicia de las riquezas.

- Evitar el endeudamiento: La Biblia no prohíbe rotundamente el endeudamiento, pero desaconseja el endeudamiento excesivo y anima a vivir dentro de los medios propios.

## 4. Cómo ahorrar

- Ahorrar para el futuro: Las Escrituras destacan la importancia de ahorrar y prepararse para las necesidades futuras. Esto es similar a acumular reservas o un fondo de emergencia.
- Confiar en la provisión de Dios: Aunque ahorrar es sabio, debe equilibrarse con confiar en Dios para las necesidades diarias, evitando poner toda la esperanza en la riqueza.

## 5. Cómo invertir

- Inversión sabia y ética: La Biblia nos enseña a utilizar sabiamente los recursos y hacerlos crecer, como se ilustra en la Parábola de los Talentos. Invertir puede ser una forma de multiplicar los recursos para el bien.
- Evitar la especulación y la codicia: La Biblia advierte contra las inversiones arriesgadas y especulativas impulsadas por la codicia o la impaciencia.

## Otros temas clave de la Biblia sobre el dinero

- Generosidad y generosidad: La Biblia enseña sistemáticamente que debemos ser generosos con nuestras riquezas, ayudando a los necesitados y apoyando la obra de Dios.

- Confiar en Dios antes que en la riqueza: Aunque el dinero puede ser útil, la Biblia recuerda a los creyentes que deben confiar en Dios, no en la riqueza.

## Conclusión

Las enseñanzas bíblicas sobre el dinero animan a trabajar con diligencia, a administrarlo con cuidado, a ahorrar e invertir sabiamente y, lo que es más importante, a ser generosos y a confiar en Dios. Estos principios ayudan a cultivar una relación sana con el dinero, evitando el materialismo y utilizando la riqueza como herramienta para hacer el bien y bendecir a los demás.

## Sobre el autor

No soy una persona religiosa, pero siento curiosidad por los principios atemporales. Con toda la sobrecarga de información y los consejos ambiguos de las redes sociales, recurrí a la Biblia para buscar principios sencillos de riqueza. Piénsalo: las iglesias de este mundo son las instituciones más abundantes, ricamente decoradas y más rentables que existen. Soy professional de salud y mi pasión es ayudar a las personas en todas las dimensiones de la vida. Por eso recurrí a la ayuda de mi esposa, estudiante de la Biblia durante casi toda su vida, para que me aconsejara a fin de combinar las enseñanzas bíblicas con mi comprensión terrenal de las finanzas personales.

*Conectemos:*

Michael y Esther Renfer
Correo electrónico: admin (at) dinerodivino.vip
Instagram: @dinerodivino

www.ingramcontent.com/pod-product-compliance
Lightning Source LLC
LaVergne TN
LVHW091315150826
845673LV00006B/1647

*9783907697030*